www.sogokagaku-pub.com

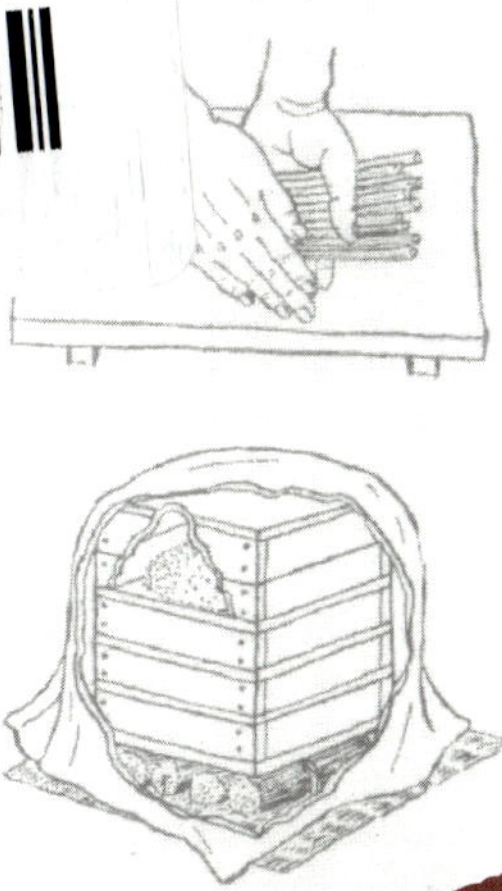

週末手づくり入門

おばあちゃんの味

日本の伝統食づくりの技

「こうじ・みそ・しょうゆ」づくりから、漬けもの・保存食まで

佐多正行 著

総合科学出版

序章 「手づくりの味」こそ食生活の源流

1章 「おばあちゃんの味」を決める万能調味料づくり

2章 貯える知恵を活かした食品づくり

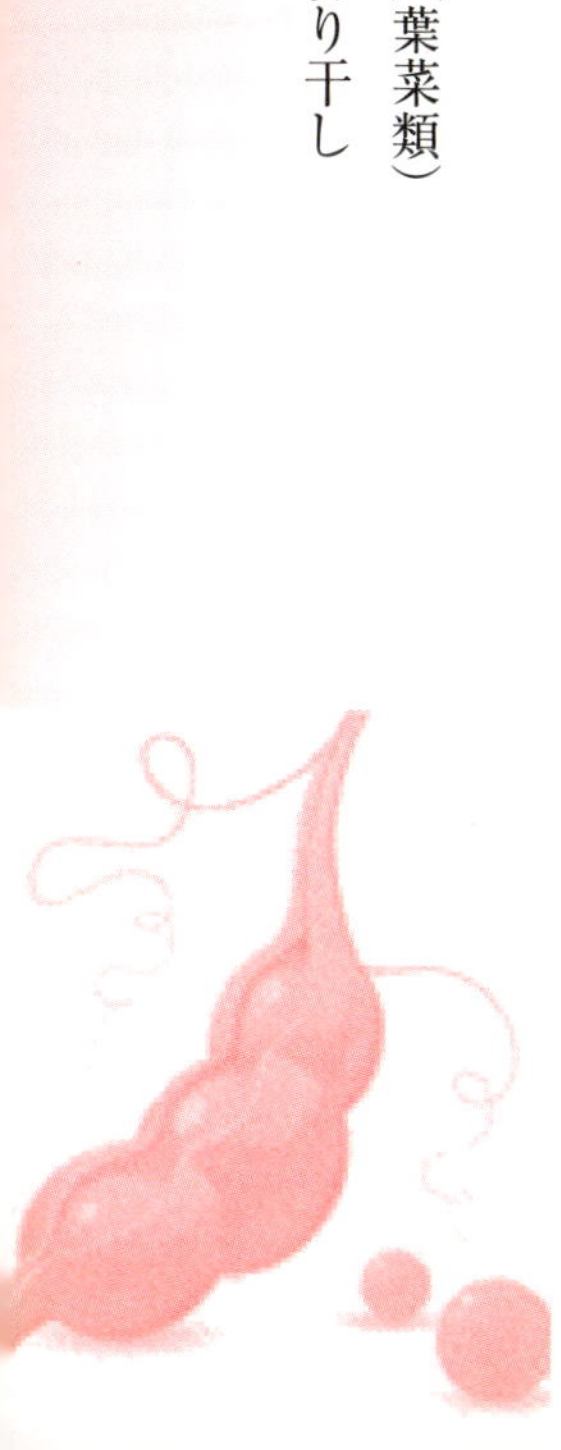

3章

毎日食べても飽きない「漬けもの」づくり

序章
「手づくりの味」こそ食生活の源流

「手づくりの味」は「おばあちゃんの味」そのもの

手づくりの味を見直そう

私たち日本人の祖先は、北や南の国々からの移民民族と言われていますが、生まれ育った地域の生活様式を日本の風土に定着させてきました。気候温暖な、四季の変化に富んだ日本の風土は、生きるためには絶好の土地でしたが、同時に激しい自然の脅威も見せつけてきました。しかし、この大自然の恵みを巧みに活用し、また外国からの生活文化の導入とともに、食生活の知恵を学びながら、日本独特の食生活文化を築き上げ、伝統的な多くの食品を生み出してきました。

これらは、日本人の国民性をつくり、同時に日本人に適した食品をつくりあげ、現在の食生活の基礎をつくったと言えます。

この、日本の先人たちのたくましい〝食〟への探求心と労苦の結晶を、私たちは日常の食生活の中で享受しているわけですが、科学技術の発達と生活の高度な近代化は、これら先人たちの遺してくれた〝人間が生きるための食生活の知恵〟をだんだんと過去のものとして忘れさせようとしています。

街にあふれたインスタント食品、徹底的に加工製品化されたレトルト・加工食品、40％以上を外国に依存している食品原料（食糧自給率：カロリーベースで平成22年度39％）などなど、これらは一見繁栄と映るその影で、迫りくる食糧危機や健康の阻害、自然の破壊を見失わせています。

世界の多くの国では、その土地で生産されたものを、その土地に適した方法で加工・調理し、それを食生活の基盤としています。このことを考えてみると、改めて日本人の食生活のあり方を見直す必要があることに気づくでしょう。

食の安全性ひとつとっても、自分自身でつくることによってその危険から逃れようとしても、加工食品に頼ってきた私たちには手づくりする知識も技術もありません。大量に余った食材をもったいないと思っても、やはり自分自身で加工・保存する知識も技術も持ち合わせません。

かつて味わってきた、大自然の恵みに満ちあふれた〝ふるさとの味〟〝手づくりの味〟を忘れさられようとしている現在、〝手づくりの味〟はもはやかすかに〝おばあちゃん〟の中に残っているにすぎないのかもしれません。

本書は、先人たちの〝食生活の知恵〟を探りながら、現代の食生活を見直し、今一度原点に立ち戻り、貯える知恵から出発した食品づくりを、〝おばあちゃん〟の伝統的なつくり方を再現して、私たちの食生活の中に取り戻そうと試みてみたものです。

その意味で、いろいろとある「手づくり食品」の参考書類とはやや内容や体裁を異なったものにして、〝忘れられた手づくりの味の良さを味わってみようか〟と興味を持たれるよう、伝統的ながら、かつ実際的な製造法を現代でも復元できるであろうつくり方で述べてみました。

日本の伝統食品を考えてみますと、世界的にも最先端を行く発酵技術はこの中から生まれてきたのだと感じます。逆に言えば、いまや〝おばあちゃんの味〟とまで言われるに至ってしまった日本の伝統的な食生活の知恵は、科学技術が収斂された結果に等しいとも言えます。

しかし、いまやその技を知る〝おばあちゃん〟でさえ少なくなってきているのかも知れません。だからこそ、いまのうちに〝手づくりの味〟を見直す、つまり〝おばあちゃんの味〟を見直すことが必要なのです。

「手づくり」のルール

手づくりには、その人の「手づくりの目的」によって様々な方法がありますが、いずれにしても「自分でつくる」ことには変わりはありません。そこで、次に最低これだけは〝知っておいてほしい〟〝守ってほしい〟という事柄をあげておきましょう。

「つくる」基礎を知り、自分にできる〝手づくりの味〟を見つけよう

原料や材料の性質や製法の仕組みを知った上で手づくりに挑戦していただきたい。そうでなければ、ただ単純にレシピ通りやったのにうまくできなかったという場合、なぜうまくできなかったのかについては、いつまで経ってもわからず、上達しません。

たとえば、「たくあん漬け」をつくるとして、なぜ漬けものは漬かるのか、食塩はどんな働きをしているのか、重石はどんな役割をはたすのか……などを考えてからかからなければ、上手には漬けることはできません。

また、鹿児島で漬ける人と北海道で漬ける人がまったく同じ方法で漬けても、うまく漬かるわけはありません。

漬けものは、材料にもよりますが、その土地の気候にあってこそうまく漬かるのであって、その土地の気候その他の条件をまったく無視して漬けたのでは、おいしい漬けものはできません。

ですから、本書も含めて様々な参考書に書かれていることは〝ひとつの標準〟だということを理解して、漬けものの原理を考え、基本を知った上で、自分自身に適したものをつくり出す必要があります。

市販品とまったく同一のものをつくろうと思わない

極端な言い方かも知れませんが、手づくり食品の良さは市販品にない点がいいと言えます。

手づくり食品に、いつでも想像した味で、見栄えも良く、歯ごたえも舌触りも安定しているという市販品と同様の結果を期待しても無理があります。

しかし市販品は、安定して万人にうけるために、殺菌効果を高めるための保存剤や着色剤、漂白剤、安定剤など、様々な添加物が使用されていることも多いものです。また製造過程の機械化で、その食品が持つ本来の形や風味がいくぶん変化させざるを得なくなっているものもあります。

自家製であれば、それらの心配はありません。しかし、見栄えは決していいものではないかも知れません。市販品に慣れた私たちには、なかば異様と感じられるようなものもあるかも知れません。

それでも反対に、市販品よりもおいしい、色や歯ごたえがいい、と慣れるにしたがって満足してくることが多いものです。それは自分好みの味付けになってくることと、食材本来の味がわかってくるからです。

身近な材料で必要なだけつくろう

漬けもの用のダイコンの場合、葉付きダイコンで大売り出しの安いときに大量に買い求めて下漬けしておくとか、葉だけは一夜漬けにしておくとか、日頃から身近にあるものを探して歩くと、安価に材料が入手できるもので、それらを有効に利用することが大切です。

ただ、材料が簡単に入手できたからといって、あまり必要のないものを無理してつくる必要はありません。せっかくつくってはみたが、さっぱり食べる機会がないというのでは手づくりの意味は半減します。

その時々の材料で、食べられるものを必要量だけつくる、というのが手づくりの条件です。

身近にある道具や食器を工夫して使おう

食品をつくるためにはいろいろな用具や機器類が必要です。

そのため、どうしてもそれらの用具類を揃えたいという気持ちになります。しかし、これらを全部市販品で揃えるとなると、大変なことになり入手が困難なものも多くなります。ですから、特別に使用するものを除いて、最も使いやすい最適な身近なものを参考書類では提示しています。

ただ本書においては、本来に近い形〝おばあちゃんの製法〟を紹介することで、なぜこういったものを使うのかを考えた上で、身近な用具の〝流用・代用〟で工夫していただきたいと思っています。〝代用の代用〟にならないようにしていただきたいからです。

本来の製法を知っていろいろと工夫してみる、このあたりも手づくりの楽しみのひとつと考えます。

愛情を込めて「育てる心」でつくる

多くの食品は、その製造過程でいろいろな形状に変化しながら仕上がっていきます。これは〝つくる〟というよりも〝育てていく〟といった表現のほうがあてはまります。

果実酒をつくる人は多いですが、この場合、つくり放しでそのまま放置している人と出来具合を観察しながら異常はないかを確かめる人とではどちらがうまくつくれるかははっきりしています。

またつくる過程では食べる人の顔を想像しながらつくります。あの人は意外にしょっぱいものはだめだったなとか、にぎやかな食卓や酒宴を囲む人を想像します。その顔のひとつひとつが愛情となって食品に伝わっていきます。

おばあちゃんの手はしわだらけであっても、こうやって子供たちを食べさせてきたんだ、育ててきたんだ、という満足感が感じられます。

別に愛情そのものが直接味付けになるわけではありませんが、つくる人の作業に微妙に乗り移るのだと思います。

「手づくり」のコツ　6カ条

食品の手づくりには、使う材料の品質や加工の仕方のポイントを知っていれば失敗も少なく、思ったより簡単につくれるものです。また他の食品への応用もでき、できた食品の品質も向上して、つくる楽しさが一層増します。

第1条　材料は吟味して選択すること

同じ材料でも、よりつくりやすく、おいしいものができるようにすることが大切です。新鮮であるか、適期に収穫されたものか、適当な方法で保存・貯蔵されたものかを見極めます。また同じ食材でも種類や品種によって、適当かどうかやつくり方が変わることがあります。

第2条　手づくりに適した時期を選び、地域の気候・風土を考慮すること

食品の中には、気温や天候、土地柄に影響されるものが少なくありません。同じ製品をつくるにしても、その製法に合った気候を選ぶことが大切です。

第3条　用いる量やつくり方の順序はまず見本通りにやってみること

経験を積んだおばあちゃんのつくり方を見ていると、特に計量カップなども使わず、目分量や勘で行なっています。だからと言って私たちまでそのマネをしてもうまくいくはずがありません。また特に失敗した場合などは、どこがどの程度間違っていたのかを確かめることができません。まずは原理原則に則ってつくってみるべきです。

第4条　見通しを立ててから作業にかかること

よく安く大量にダイコンが手に入ったから、といきなり漬けものづくりを始める人がいます。そんな人に限って途中で、あれがない、これがないと作業が中断し、挙げ句の果てには以降の日に延びて、一部のダイコンの乾燥度合いが揃わないことがあります。慣れないうちは準備を万端整えたいものです。

第5条　すべてに安全の配慮をすること

手づくりで最も心配なことは食品衛生への配慮です。用具類の殺菌・消毒などを安全に行なうことと、作業中や貯蔵にも清潔な場所を選ぶことが大切です。

第6条　失敗を恐れないこと

食品づくりは、その材料や製法、気候などの環境条件によって強く左右されます。特に手づくりの場合は、工場のように均一な条件が維持されるわけではありません。すべてがいつも同じということはあり得ません。いくら参考書などの通りつくったとしても、うまくできないことも多いものです。自分がやったプロセスをよく覚えておきましょう。そして、他人の教えを受けたり情報を交換し合いながら、自分のものにしていくことが大切です。

1章
「おばあちゃんの味」を決める万能調味料づくり

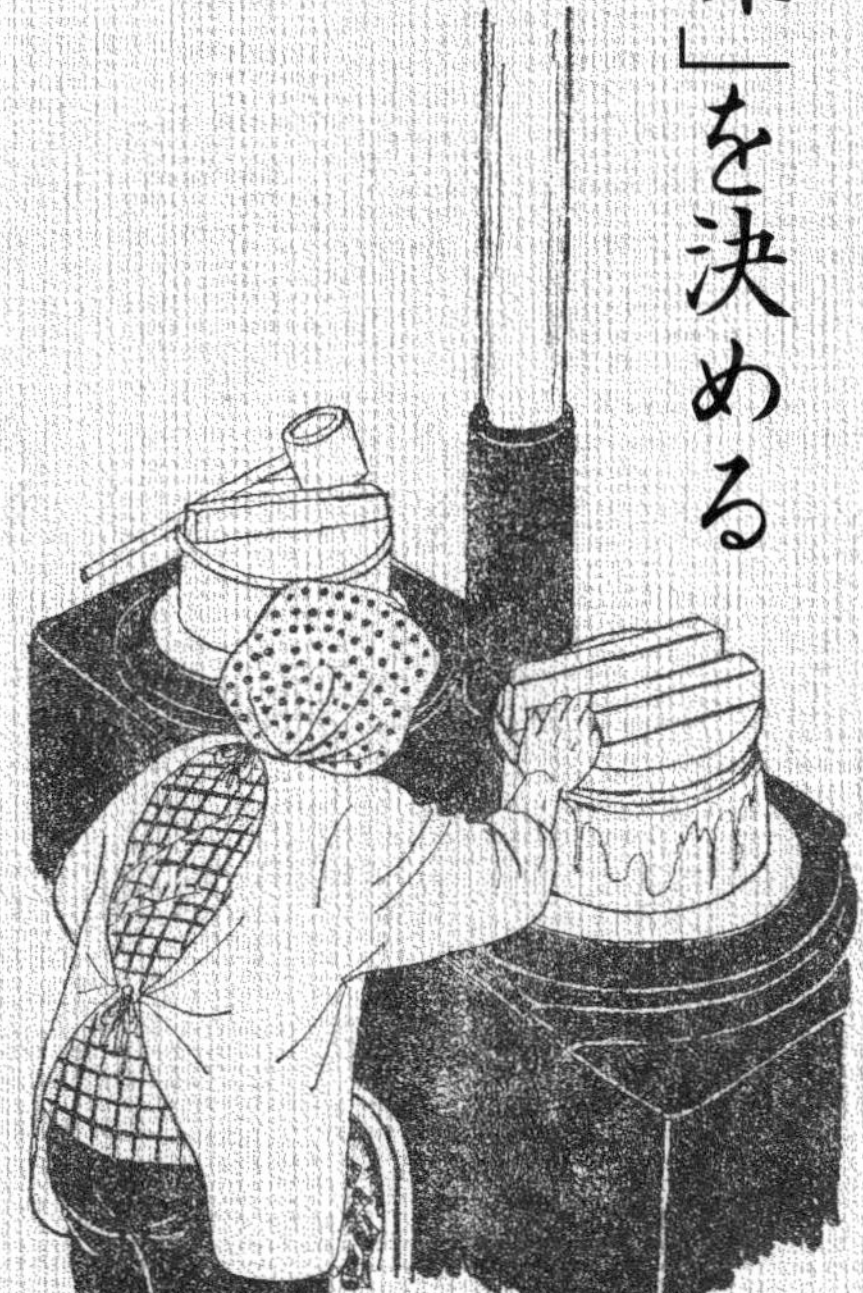

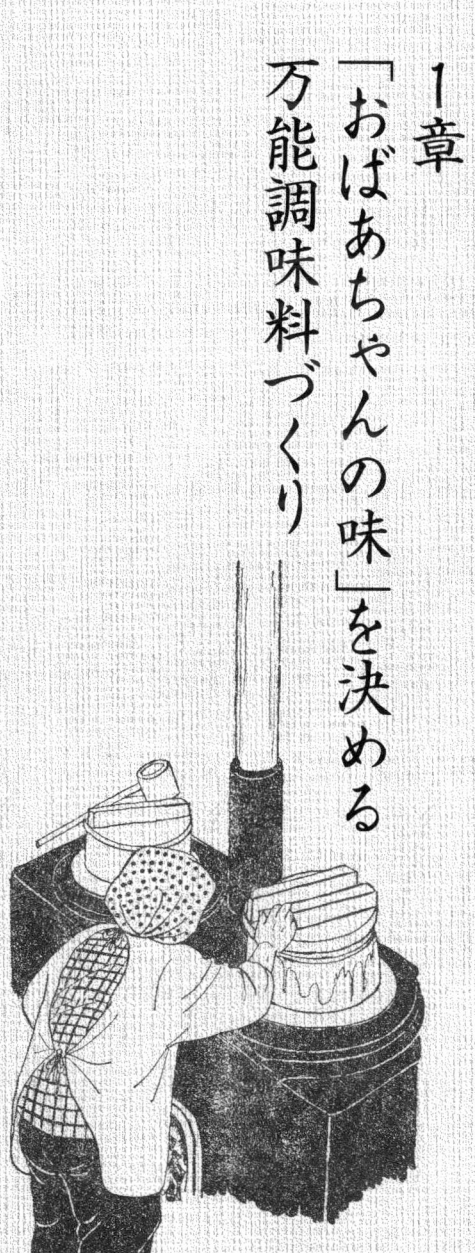

「こうじ」づくり
先祖の知恵が活かされている「こうじ」

こうじを使った食品のいろいろ

食品を長く置いておくと「カビ」が発生することは昔から知られています。米を餅のように固めたものに「カビ」が生えたものを、中国では「麹（きく）」という文字で表わしましたが、日本では「加牟多知（かむたち）」、すなわち「かびたち」と呼びました。

この「かびたち」の状態が、現在私たちがいろいろな食品に利用している「こうじ」です。こうじづくりのことを「製麹」と呼ぶのもこのためです。

こうじが食品の製造に初めて利用されたのは「酒の醸造」であったと言われますが、中国から仏教の伝来とともに、こうじの利用法が伝えられると、私たちの祖先は、自分たちの味覚に合うようにいろいろと工夫して、多くの食品をつくり出してきました。

こうじを使った食品のいろいろ

酒類への利用	日本酒はもちろんのこと、全国各地で生産される地酒や焼酎、それに白酒・甘酒などに利用されている。これらを原料とする米酢やみりんなども、製造工程の初期には利用されるが、こうじかびはこれら酒類の原料となる米や麦などのでんぷんの糖化に利用され、アルコール発酵のもとにされる。
味噌・しょうゆへの利用	味噌はこうじかびを利用した代表的な食品である。こうじの使い方により、甘・辛の区別、赤・白味噌の区別、また米味噌や麦味噌の区別ができる。加工なめ味噌類にも使われる。しょうゆはこうじかびを利用することで、甘味やうま味のもとを作り出している。
漬けもの類への利用	「こうじ漬け」と呼ばれるもので代表される。米こうじの甘味と発酵作用による風味づけに利用されるものであるが、野菜類ではべったら漬け（だいこん)、白菜のこうじ漬け、なすの甘酒漬け、かぶや花野菜などのこうじ漬け、山菜類のやたら漬けなど。魚介類では、ニシン、サケ、タイ、サバ、イワシ、アユなどの切り身漬け、魚卵類のこうじ漬けがある。
その他	各地の名産になっている塩蔵した魚肉を飯米や米こうじと一緒に漬けて発酵させた「魚ずし」への利用や、こうじかびで発酵させた「浜なっとう」、かつお節のかび付けなどがあげられる。このほかにも、伝統的なこうじかび利用の食品が全国に数多く存在する。

また、こうじをつくるのに、種こうじを保存する方法を発明し、これを利用して米や麦、大豆にこうじ菌を繁殖させて利用しました。

私たちの祖先は、日本で取れるいろいろな食品原料を使って日本の気候・風土に合わせて、私たちの食生活に合うように工夫し、数々の食品をつくり出してきました。また同時に、それぞれの食品に適した種々の「こうじかび」を育ててきました。たとえば、味噌には味噌用のこうじかびを、日本酒には日本酒用のこうじかびをと、製造法に最も適したこうじかびをつくり育ててきたのです。

こうじかびを食品に利用する技法は、中国や東南アジアにも数多く見られますが、それらはお互いに類似はしているものの、それぞれの地域や国々で適した独自の技法を編み出しています。日本ではは日本産のこうじかびを使って、日本独特の技法で、伝統食品と呼ばれるものをつくり出してきました。

このことは、わが国がこうじかびの利用に適した風土を持ち、日本人の勤勉さと味覚に対する敏感な国民性が、外国にひけをとらない風味のある食品をつくりあげたと言えるでしょう。そして、その製造技術や品質は代々受け継がれてきており、食品加工の技術が近代化し、工業的に大量生産されるようになっても、その基礎となる基本的な技術や原理は、変化することなく、今も祖先の行なってきた技法がそのまま生かされているのです。

「こうじ」づくりの原理

こうじも、つくってみれば簡単

味噌やしょうゆ、甘酒などのほか、「こうじ漬け」などをつくる場合、「こうじ」が必要となります。

こうじづくりに必要な設備や用具がない、また手間ひまかけてつくるのは大変だ、それよりも市販のこうじを買ったほうが便利だと言う人も多いようです。

しかし反面、市販のこうじを買えば高くつくし自分で安全を確かめたいので、いっそ自分で「こうじづくり」からやってみようという人も多くなってきており、自家製の「わが家の味噌」「甘酒」などを楽しんでいる人も増えてきています。

そこで、大量のこうじづくりではなく、一般の家庭でも簡単につくれる方法（こうじづくりの原理を知って、簡単な用具を準備することは必要）とつくり方のコツを紹介してみましょう。

ついひと世代前までは、ほとんどの農家では自家製の味噌、しょうゆを手づくりしたものですが、それは「こうじづくり」から行なっていました。

しかしそれも、だんだんとつくり方を覚えている人が少なくなってきたのは残念なことです。

こうじにも種類があり、つくり方も違う

同じこうじでも、利用する食品の種類や原料の種類によってつくり方が少しずつ違います。

たとえば、味噌用の場合、米味噌では米こうじ、麦味噌の場合は麦こうじ、大豆の多いたまり味噌などでは大豆こうじなどの違いがあり、つくり方も違います。酒用こうじとなると原料の米の種類や米の精白の仕方から異なってくるといった具合です。

また、米こうじひとつとっても、こうじ菌がどんどん繁殖している若いこうじでは、でんぷんを糖化する力が強い酵素が多く含まれているので、甘酒や酒用に適したこうじとなり（これを〝若こうじ〟と呼んでいる）、また、こうじ菌が繁殖し成熟しきった状態のこうじは黄白色となるが、これはたんぱく質や脂肪を分解する力が強い酵素が多く含まれ「うま味」を出すのに適しているので味噌用に適している（これを〝老《ひね》こうじ〟と呼んでいる）という具合です。

このように、こうじ菌の働きの違いやつくる食品の製造方法の違いなどによって、こうじづくりは一様にというわけにはいきません。

しかし、こうじづくりの原理と、こうじ菌の性質や繁殖の仕方などを知っていれば、

案外簡単に理解できるものです。

こうじ利用の原理

こうじづくりは、米や麦などの原料に、目的のこうじかびが繁殖しやすい条件（環境）をつくってやり、こうじかびが繁殖・生育して味噌やしょうゆなどの製造に必要な酵素（アミラーゼ）を十分に生成させることです。そして酵素の力がもっとも強くなったときに、こうじかびの生育を止めて製品とします。

そのためには、こうじかびが発芽して、よく菌糸が伸び、原料の中心部まで広がり、どんどん繁殖することが必要です（酵素は菌糸に相当する部分に多く生成されます）。

こうじづくり

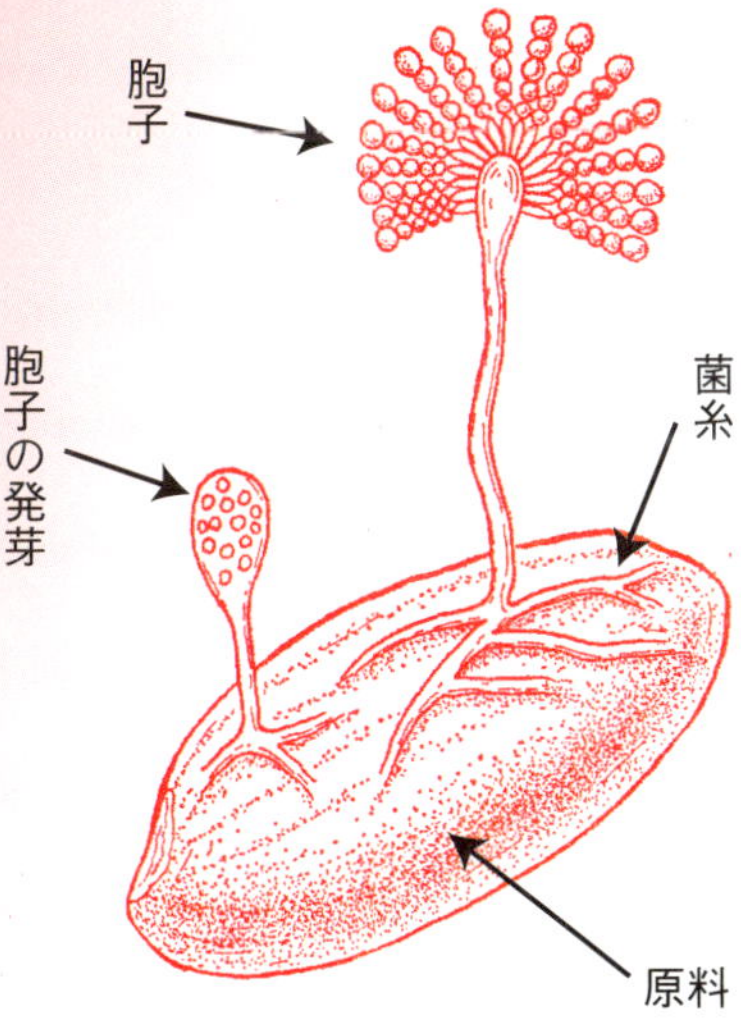

どんな用具が必要か

「こうじ屋」と呼ばれる専門業者は、完備した「こうじ室《むろ》」や「自動製麹装置」を持ち、一度に大量の生産ができる設備を持っています。しかし、一般家庭で少量つくる場合には、大掛かりな設備は見込めないし、また必要もありません。

そこで、家庭でつくる場合、最低限備えなければならない用具類をあげると、次のようなものがあります。

①つくる場所としては、農家では納屋か土間、一般家庭では風通しがよく保温に便利な小部屋が必要です。

②こうじ菌を繁殖させるものとして、一般に「こうじぶた（箱）」を使用します。4～5枚つくっておけば、いつでも使えるので便利です。農家では、わら床法を用いる方法もあるし、おひつや半切り桶、平木箱でも代用できます。

③蒸した材料を広げたり、保温のための覆いに使用するために、むしろ、またはビニール布か木綿布が必要です。

④温度計（100℃計）。

⑤しゃもじ、ざる、ボールなど。

⑥蒸し器、せいろ、保温用のコンロや湯たんぽなど。

こうじぶたのつくり方

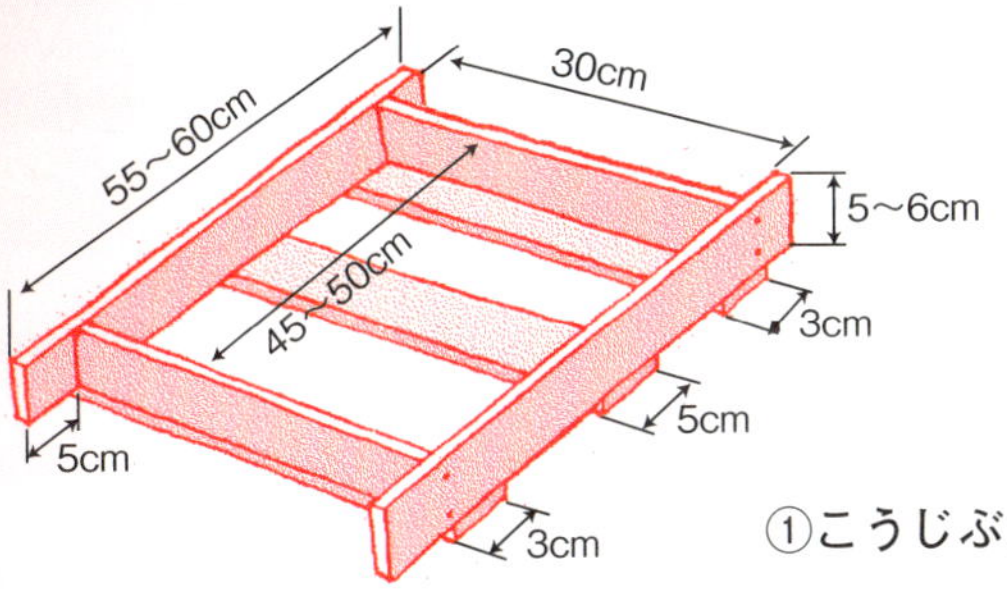
55〜60cm
30cm
5〜6cm
45〜50cm
3cm
5cm
5cm
3cm

①こうじぶたの枠づくりの例

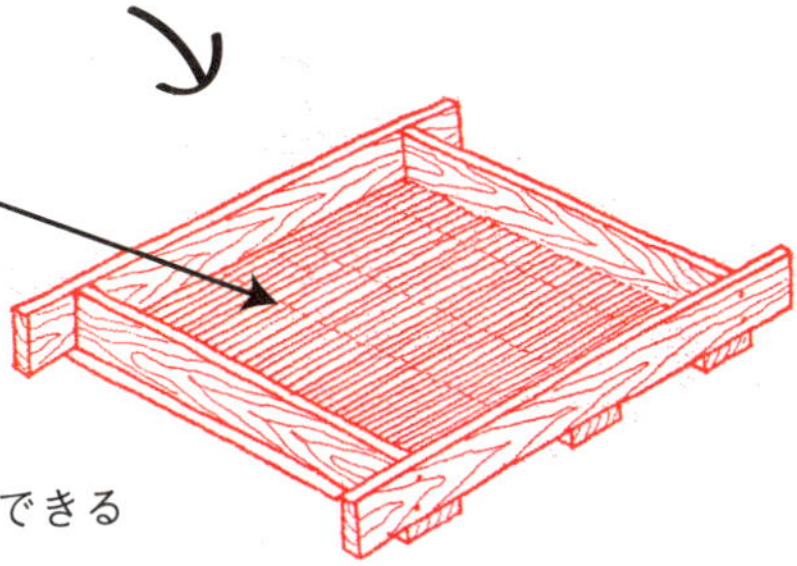
竹製すだれを敷くか
小竹を敷いて木綿布を敷く
この大きさで
約1.0〜1.5kgの
蒸し米を入れることができる

②むしろとわらを使ったわら床法

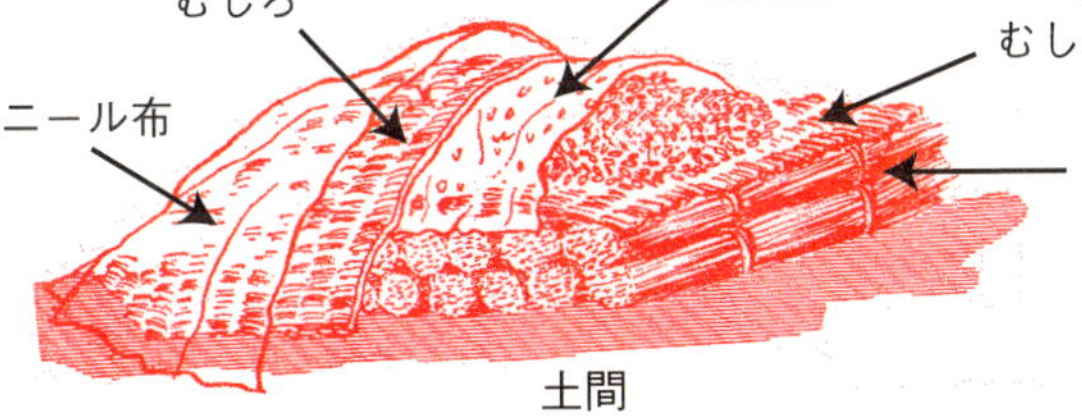
むしろ
新聞紙かビニール布
むしろ
ビニール布
いな束
30〜40cmくらい
の高さに積む
土間

なお、これらの用具類は、こうじ菌が正常に発育できるよう消毒・殺菌を必ず行なうことが必要です。加熱殺菌を行なうのが一番よいが、加熱できないものは清潔に取り扱うようにします。

米こうじのつくり方(味噌用・甘酒用)

こうじづくりの作業の順序を製造工程で示すと次の図の通りですが、必ずしもこの作業の順序でしなければならないということはありません。ただ時間の経過と手入れ(管理作業)を温度・湿度・換気などに注意しながら、こうじ菌の発育の状況を見合わせながら行なわなければいけません。

また、時期としては、気候的にみて春と秋が最も適しています。真冬は保温(温度管理)がむずかしく、夏は温度・湿度とも高く、雑菌が繁殖しやすいので品質の良いものをつくるには細心の注意が必要です。

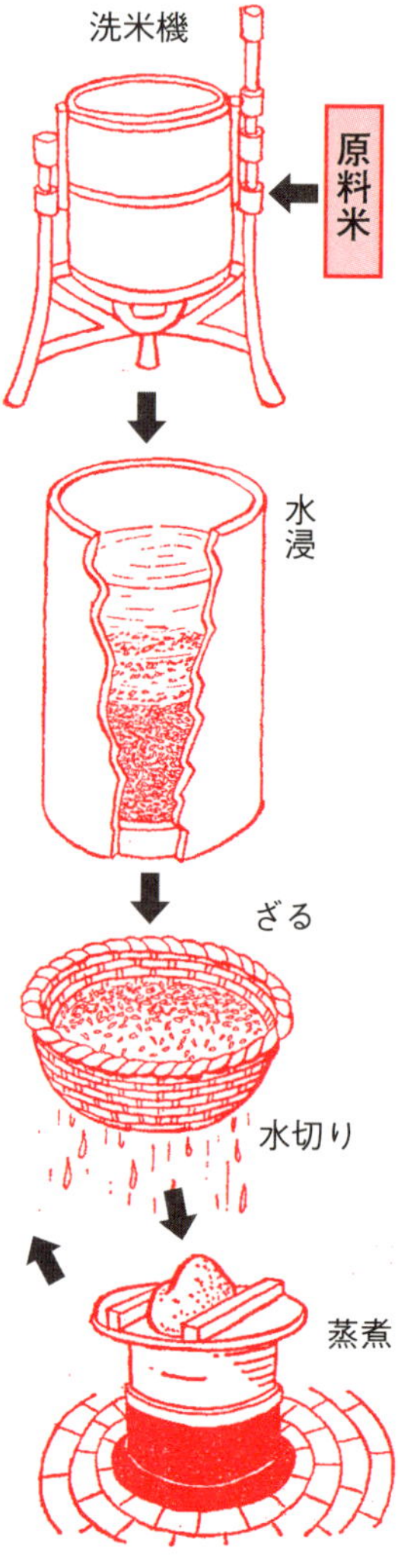

こうじ屋での米こうじの製造工程の様子

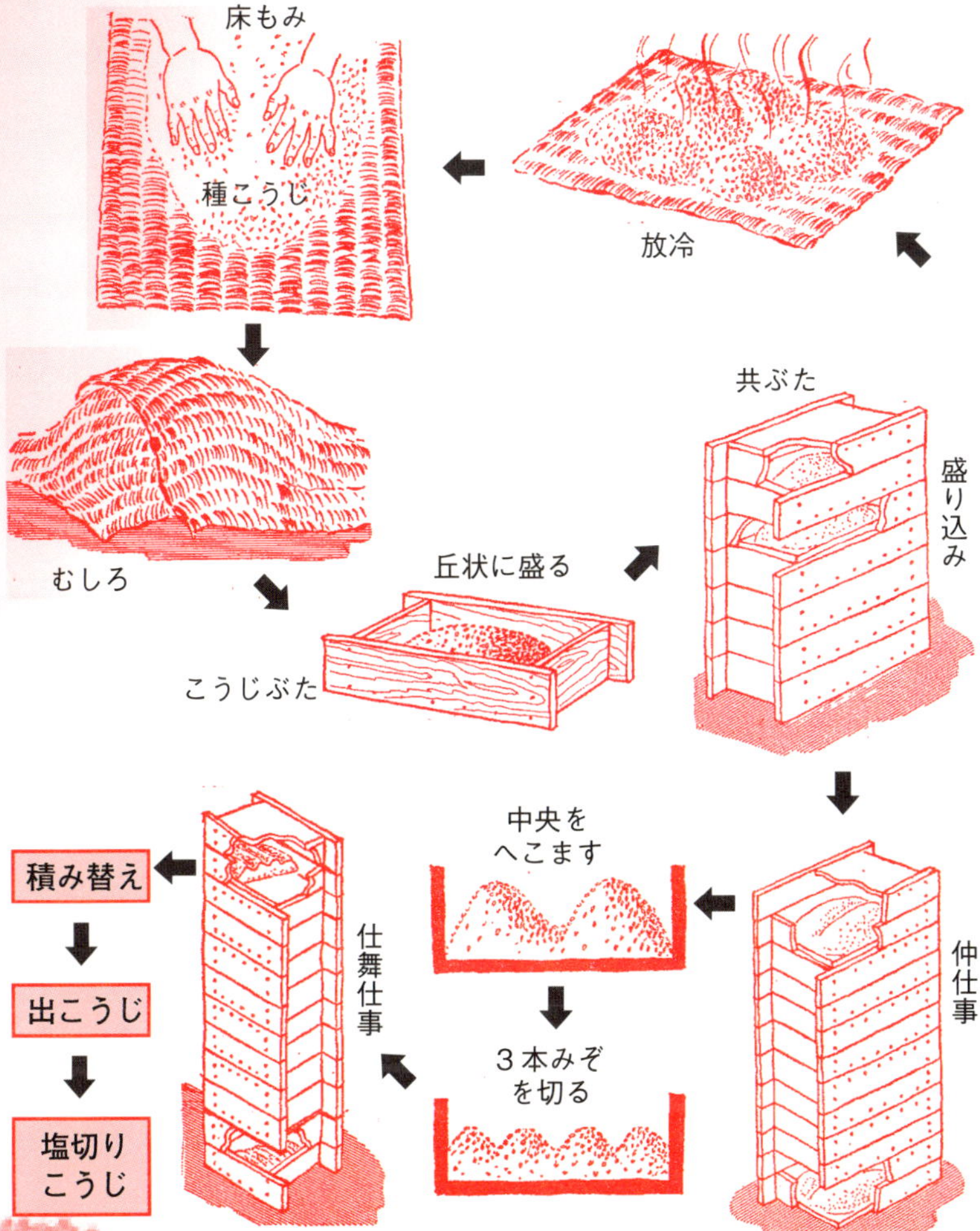

つくり方のポイント

①蒸し米を理想的に蒸しあげるには、
・蒸し器は木製のこしきなどがよい。
・蒸し器に米を静かに入れ、押さえたり、ゆすり込まない。
・蒸気が十分上がってから蒸し始める。
・強火で一気に蒸しあげる。
・蒸し終わった米粒はふっくらと弾力性があり、軟らかすぎたり、ねばりのあるものはよくない。

②種こうじ菌は、信用のあるこうじ屋から買い求めます。新しいものは活力があり、よく繁殖します。必要量は一般的には米の重量の1000分の1の量で十分ですが、手づくりで少量の場合は500分の1から800分の1の量を目安にするといいでしょう。こうじ菌の使用量が蒸し米の量に対して少ないので混ぜ合わせの場合は全体によくゆきわたるようにします。

③床もみと呼ばれる菌の接種法は、重要な作業のポイントです。米粒の表面に傷をつけ、その傷口に菌が入り込むようにすることが必要で、ただ表面にすりつけるのではなく、蒸し米を押さえ、こすりつけるようにしながら、よく混ぜ合わせることが大切です。また、時間をかけすぎるとどんどん温度が下がっていきますので、暖かい部屋で風が入らないようにして、手早くこうじ菌を混ぜ合わせるよう

にすることがコツです。

④保温の方法にはいろいろな方法がありますが、湯たんぽを使用することが一番便利です。ビニールテント法では内部が乾燥しやすいために湿度を保てるように注意すること。また毛布やむしろで覆う方法は温度が下がらないように注意します。

⑤こうじ菌の繁殖が始まると、こうじ菌そのものの発酵熱でどんどん温度が上昇します。温度が40℃を超すと危険信号。反対に20℃以下になると生育が低下するので、温度管理にはとくに注意が必要です。

⑥蒸し米は、はじめはつやがなくなり、だんだんとこうじ臭が出始め、20時間を経過すると米粒の表面に白い斑点が出始めます。25時間くらいで米粒は塊りかけます。このころになると米粒全体が白っぽくなり、こうじ臭が一段と強くなります。

⑦米こうじが乾燥しているようだったら霧吹きで水を吹きかけます。また管理作業中は3～4時間ごとにこうじを空気に触れさせ、温度の調整を行ないます。

⑧およそ40時間を経過すると、出こうじ（こうじの出来上がりのこと）となります。甘酒用は米粒が灰白色で42時間くらいのもの（若こうじ）で出こうじとします。白味噌用のものもこの状態です。赤味噌用のものは45～48時間を経過したもので、米こうじがいくぶん黄色がかった状態で出こうじとします。

⑨注意すべきことは、蒸しあがった米の水分含量は40～42％程度にすることです。

米こうじの手づくり

＜材　料＞

白米（軟質米）　10kg

種こうじ菌　10～20g

＜白米の浸漬の目安＞

水温	浸漬時間
10～15℃	15～24時間
15～20℃	10～18時間
20℃以上の水は使用しない	

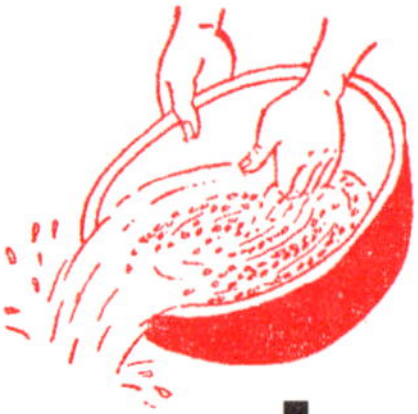

①水洗い

米粒を磨くような
つもりで清水に
なるまで洗う

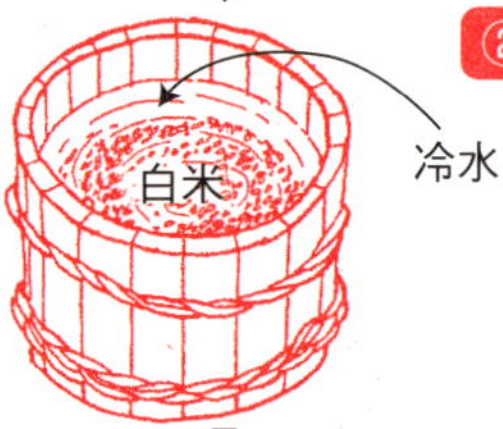

②浸漬

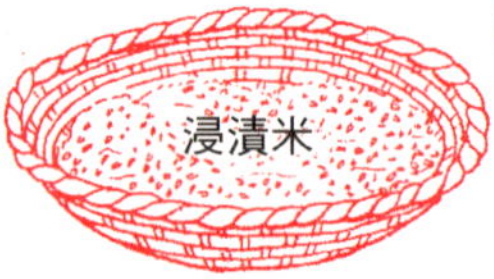

③水切り

2～3時間
行なう

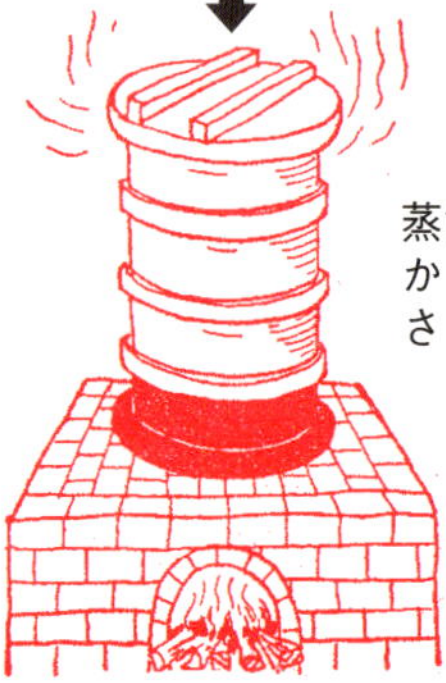

④蒸し米

蒸気があがって
から、1～1.5時間
さらに蒸す

＜蒸しあがりの判定法＞

(1) ふっくらとした感じで弾力性があり、粘り気を感じない程度。

(2) 指先でつぶしてみて粒がつぶれる程度。べたべたした餅状にならないこと。

⑤冷却と蒸らし

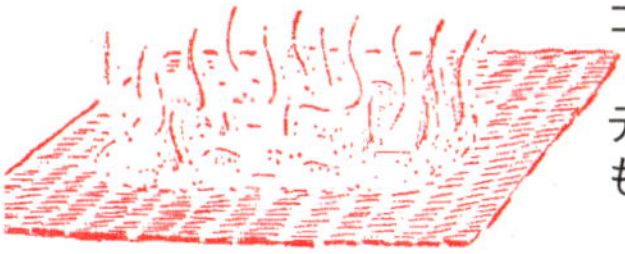

清潔なむしろか
ゴザ

テーブルの上で
もよい

蒸し米が40～45℃になるまで
放冷する。乾燥しないように、
むしろなどで覆うとよく蒸れる。

⑥種こうじの混合

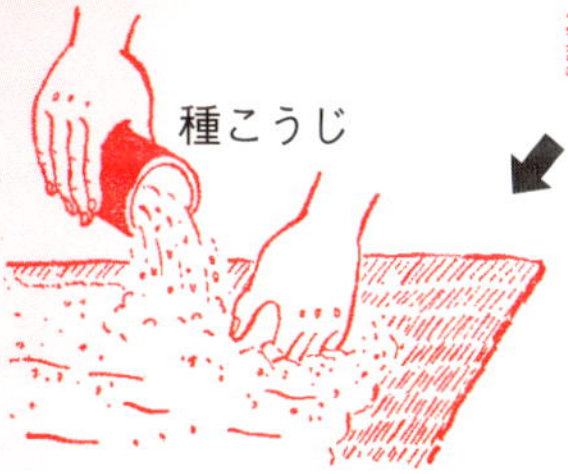

種こうじ

種こうじを少しずつ入れて
よく混ぜ合わせる。

⑦床もみ（種菌の接種）

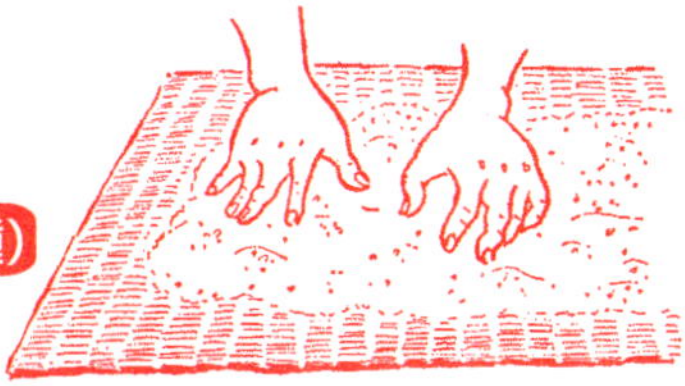

両手の手のひらで蒸し米をゴザに押しつけるようにして、強くすりつける。これは蒸し米にこうじ菌が入り込むようにする作業でていねいにまんべんなく行なうこと。
このときの温度は38～40℃くらいがよい。

⑧盛り込みと切り返し作業

14～15時間、山盛りに
もっておく。温度が下がら
ないように注意する。

15時間経ったら山を崩して
空気に十分触れさせる。
そして再び山盛りする。

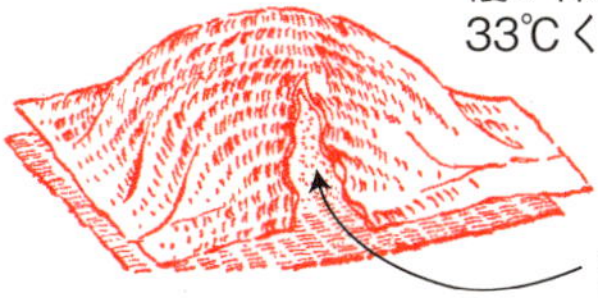

むしろか新聞紙などで
覆い保温する。
33℃くらい。

蒸し米

⑨こうじの管理作業（手入れの方法）

種こうじをつけてからの時間	蒸し米の温度	方法
14～15 時間	33℃	切り返し
18～21 時間（盛り作業）	34～35℃	保温する
26～27 時間（仲仕事）	35～37℃	温度が 37～38℃になっているので温度を下げる
32～33 時間（仕舞仕事）	36～37℃	温度が 40℃くらいになっている／こうじの厚みを薄くしてやること
38～39 時間（積み替え）	38～40℃	温度が 42℃くらいになっているので空気にふれさせ温度を下げる
45～47 時間（出こうじ）	38～39℃	ばらばらに砕いて、むしろなどの上に広げて放冷する

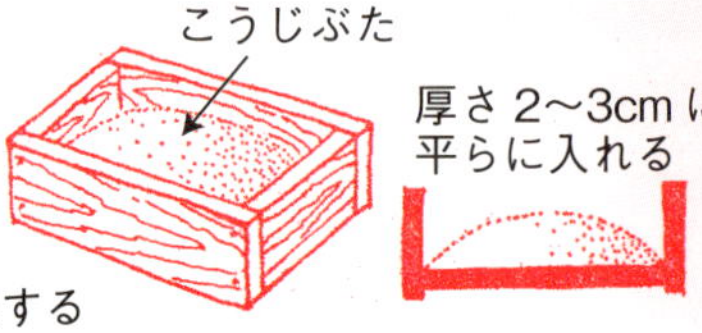
こうじぶた
厚さ 2～3cm に平らに入れる

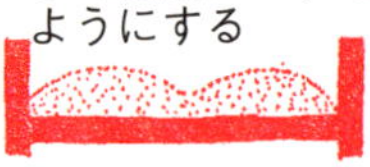
中央に溝をつけてよく空気にふれるようにする

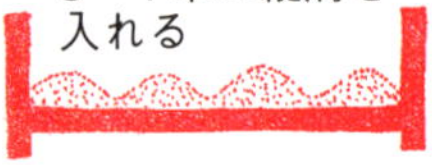
3～4 本の縦溝を入れる

縦溝を入れ替えすじをつける

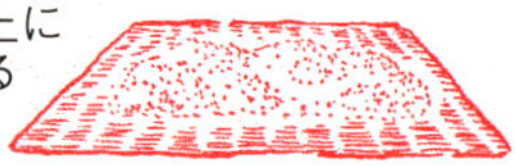

↓

⑩米こうじの出来上がり

こうじぶた法による保温の仕方いろいろ

①ビニールテント法

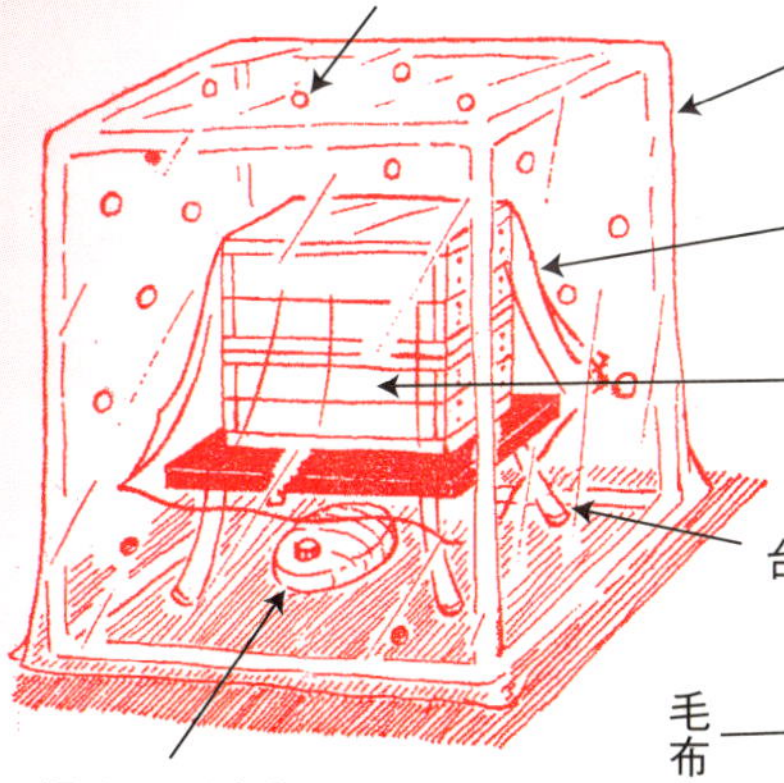

②わら床法

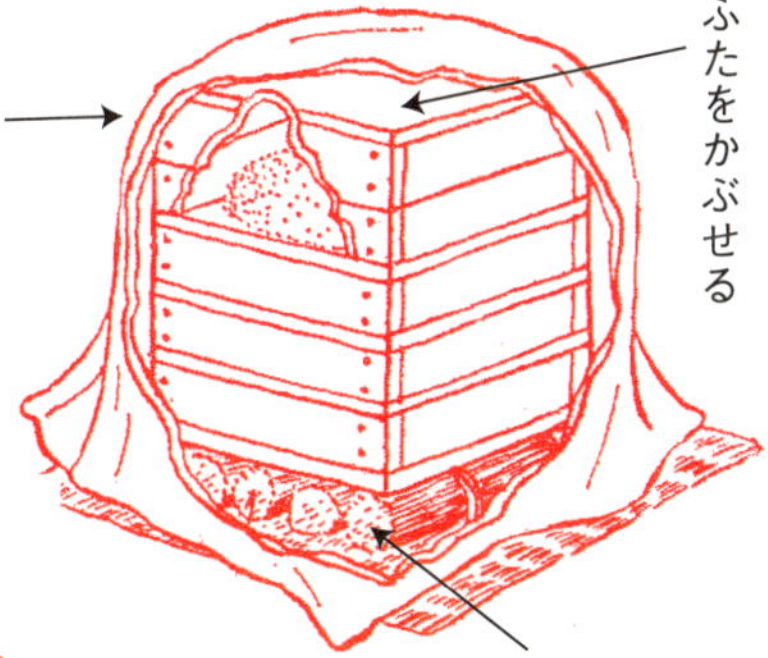

③室内保温法

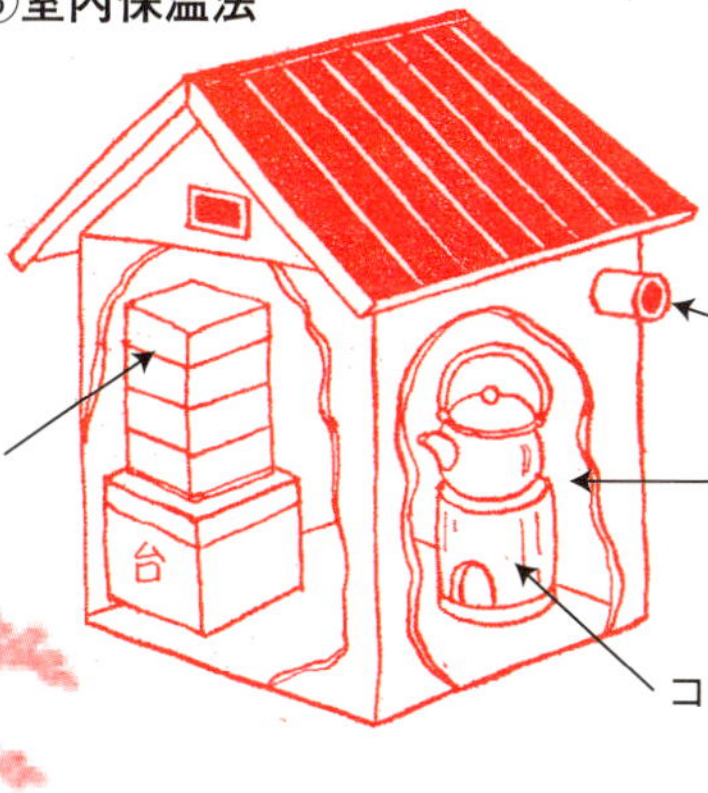

良いこうじとは、①雑菌の混入がなく（緑色や黒色をした部分のないもの）米粒の中心部まで灰白色をしているもの、②こうじ臭が強く甘味があるもの（酸味や異臭があるものは良くない）、③手でにぎると弾力性があり、もみほぐすとバラバラになるものです。

こうじの貯蔵法は、そのまますぐ冷蔵庫に入れ（4～5℃）貯蔵する方法もありますが、味噌用に用いるときは味噌に使用する必要量の食塩と混合しておくと1週間程度の保存ができます。これを「塩切りこうじ」と呼んでいます。

速成こうじづくり（袋こうじ法）

こうじの製造は手間がかかるものですが、ごく少量（1～2kg）程度つくる場合は、速成法すなわち袋こうじ法を利用すると簡単です。

つくり方は、米こうじと同じですが、こうじぶたなどを用いないで、木綿袋の中で管理作業を行なう方法です。袋の表面が乾燥しやすいので、湯気にあてて湿気を保ちます。ただ最後の仕上げの段階は木箱などに広げて、こうじを冷ましてやることが大切です。

麦味噌用「麦こうじ」のつくり方

「麦こうじ」は麦味噌（別名田舎味噌）をつくる場合に使われます。つくり方は、十分に精白した裸麦を原料としてこうじをつくりますが、現在では粒状のものではなく「押し麦」にしたものが販売されていますので、押し麦を利用してもいいでしょう。

米こうじの手づくり

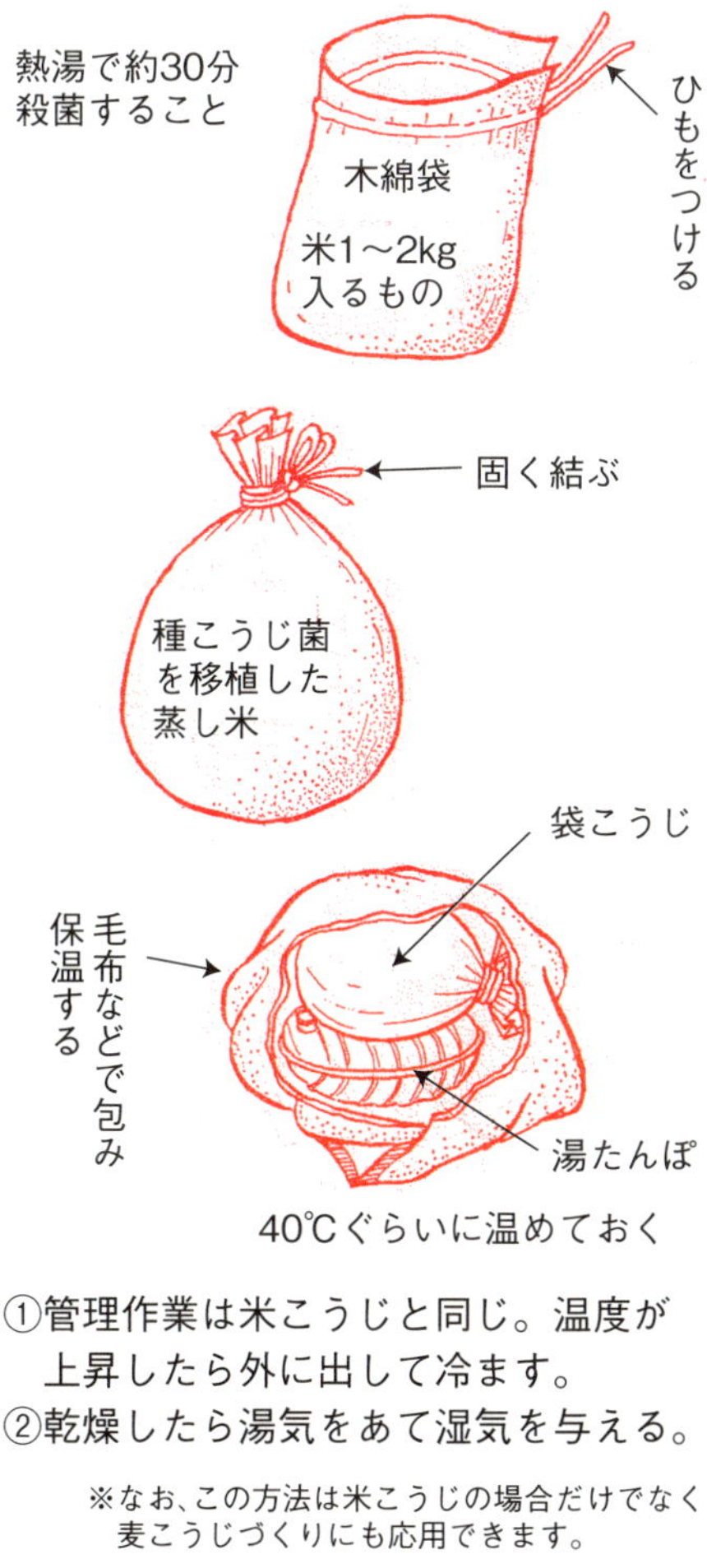
熱湯で約30分
殺菌すること
木綿袋
米1～2kg
入るもの
ひもをつける
固く結ぶ
種こうじ菌
を移植した
蒸し米
袋こうじ
毛布などで包み
保温する
湯たんぽ
40℃ぐらいに温めておく

①管理作業は米こうじと同じ。温度が上昇したら外に出して冷ます。
②乾燥したら湯気をあて湿気を与える。

※なお、この方法は米こうじの場合だけでなく麦こうじづくりにも応用できます。

麦こうじづくりは、米こうじの場合とほとんど同様ですが、ただ麦の性質から米こうじとは多少異なるところを次にあげておきます。

つくり方のポイント

①麦は一般に吸水が早く、水洗いのときも吸水するので、浸漬時間に水洗い時間も含めます。とくに押し麦は吸水が早いので浸漬しすぎないように注意します。

②種こうじ菌は必ず「麦味噌用こうじ菌」と指名して購入します。

③手入れ、管理作業は米こうじの場合と同じですが、一般に管理作業中は温度が上昇しやすいので、湿度管理に十分留意すること。1～2時間おきに温度を計り適温に保つようにすることが大切です。

精麦の浸漬の目安

水温	丸麦(粒)の場合	押し麦の場合
10～15℃	4～6時間	5～6分
15～20℃	2～3時間	3～5分
20℃以上	1時間程度	3～5分

①水切り
1～2時間
②蒸し麦
蒸気が上がってから半透明になっている状況

浸漬の状態

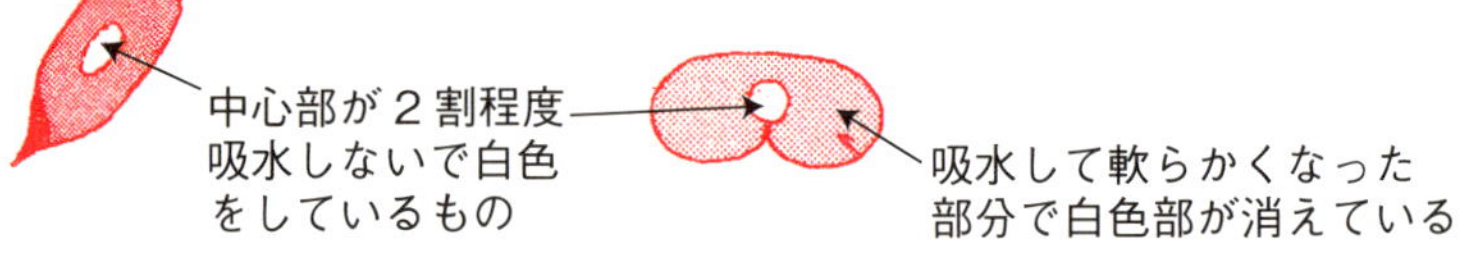
中心部が2割程度吸水しないで白色をしているもの
吸水して軟らかくなった部分で白色部が消えている

丸麦の場合　　押し麦の場合

塩こうじのつくり方

塩こうじとは、米こうじと塩、水を混ぜて発酵・熟成させた、やはり日本の伝統的な調味料です。古くから野菜や魚の漬けもの床として利用されてきました。

つくり方のポイント

基本的には米こうじに塩を加えます。分量は重量比で塩：米こうじ＝1：3程度。主に漬けもの床として利用するのでしたら塩は多めにします。塩濃度は好みに応じて加減できますが、下げすぎると調味機能や保存性が低下します。

米こうじをよくほぐしておきます。

その米こうじに食塩を加えて、さらによくもみほぐします。水をひたひたになるまで加え混ぜ合わせます。その後、1週間から10日程度室温で保存し発酵させます。最初のうちはこうじが水を吸うため、毎日ひたひたになるまで水を足しよくかき混ぜます。水を吸わなくなれば、かき混ぜるのみにし、冬季は暖かい部屋で1週間～10日くらい（夏季は5日程度）発酵させます。

1日1回空気に触れさせるように混ぜると、塩味に米こうじの甘さが加わり、甘塩のような風味が増します。

甘酒（一夜酒）づくり

米こうじの糖化酵素の力で、米のでんぷん質を糖に変えたもので、甘味の強い飲み物です。〝一夜酒〟とも言われていますが、アルコール飲料ではありません。

甘酒の甘味・硬さ・味付けなど、つくり方は各地の気候・風土に合わせて、それぞれ異なっています。その地に適した方法で、わが家の好みや保存などを考慮してつくってみましょう。米こうじを使ったものとしてはもっとも手軽につくれる飲み物です。

おいしい甘味の秘訣

①新鮮な若こうじ（米粒の表面が純白でビロードのような感じのもの）を用いる。

②保温温度を60℃に保つこと（糖化酵素の作用に最も適している）。80℃以上になると酵素が死んでしまい、40℃以下になると酸味が出てきて甘味が薄くなる。

③もち米を使うと甘味が強くなる。

④ご飯（蒸し米）を混ぜるとき、ご飯は軟らかいほど早くできあがる。

甘味度（糖化終了）の見分け方

①飯粒をつぶしてみて、全粒が白い綿のようであればよい。中心部が透明であれば、

もう少し時間をかけて保温する。

②上ずみ液を少量とり、ヨードチンキを一滴落としてみて変色しなければよい。濃藍色に変色するときは糖化不十分です。

甘酒のつくり方①

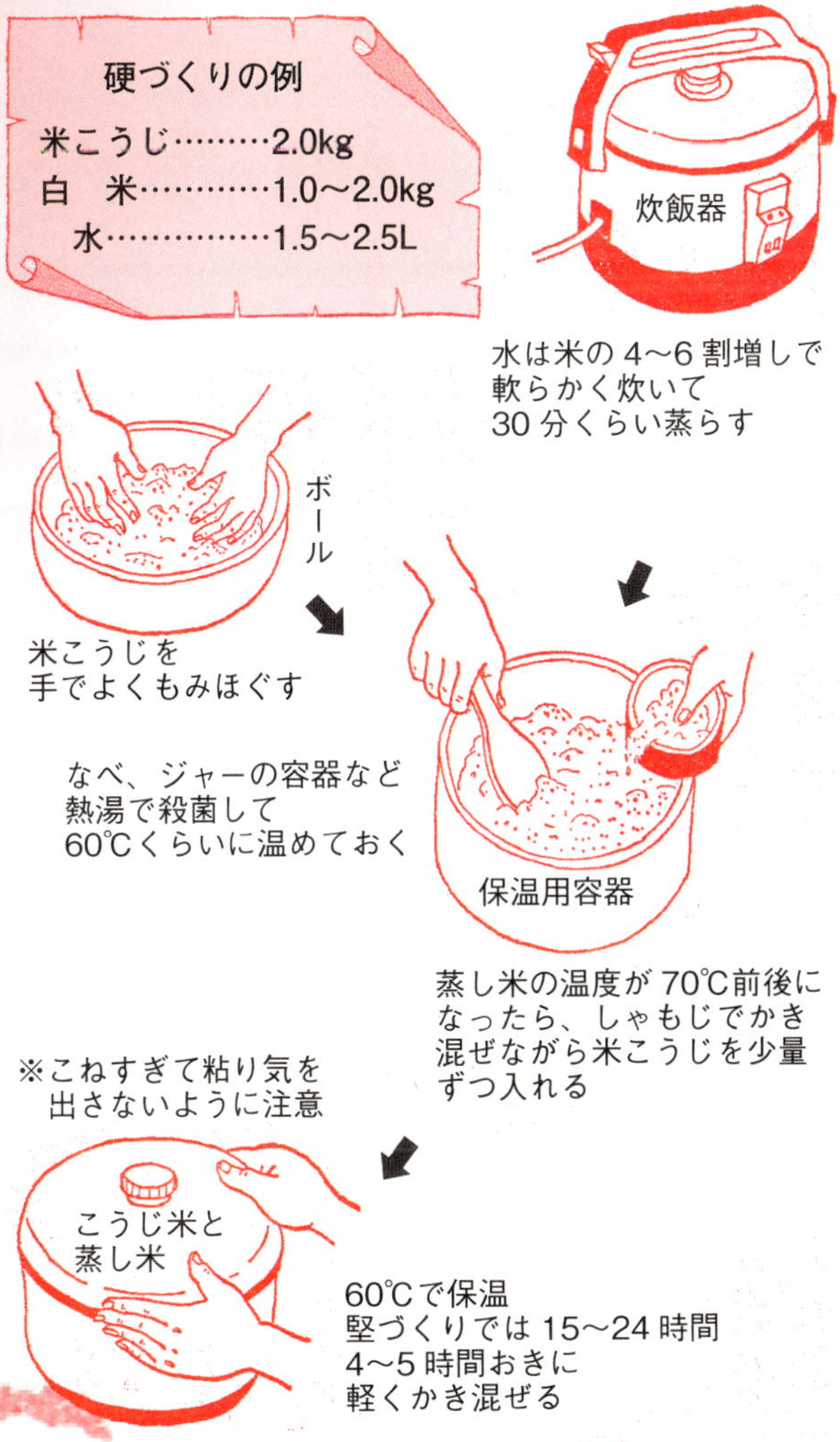
硬づくりの例
米こうじ………2.0kg
白　米…………1.0～2.0kg
水……………1.5～2.5L
炊飯器
水は米の 4～6 割増しで
軟らかく炊いて
30 分くらい蒸らす
ボール
米こうじを
手でよくもみほぐす
なべ、ジャーの容器など
熱湯で殺菌して
60℃くらいに温めておく
保温用容器
蒸し米の温度が 70℃前後に
なったら、しゃもじでかき
混ぜながら米こうじを少量
ずつ入れる
※こねすぎて粘り気を
出さないように注意
こうじ米と
蒸し米
60℃で保温
堅づくりでは 15～24 時間
4～5 時間おきに
軽くかき混ぜる

甘酒のつくり方②

【米こうじ保存法】

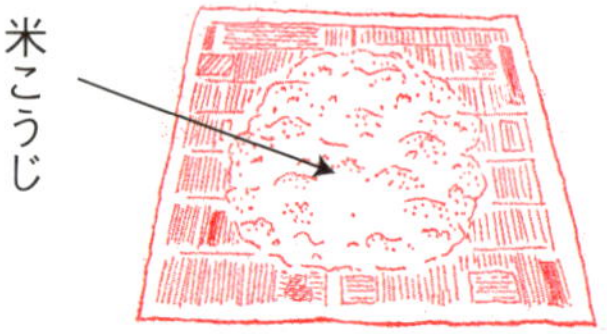
米こうじ

新聞紙などに薄く広げて天日で
カチカチに堅くなるまで干しあげる

缶の中に入れ、密封して冷暗所に保存
(4〜5ヵ月は保存できる)

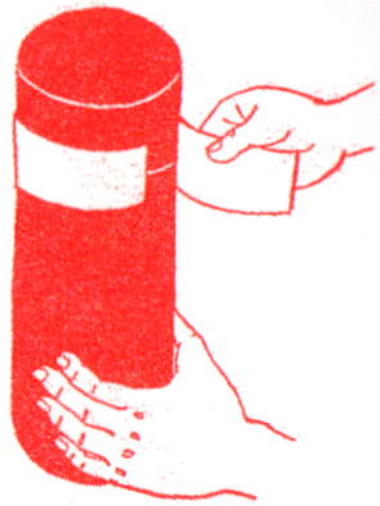

【糖化温度と糖化時間】

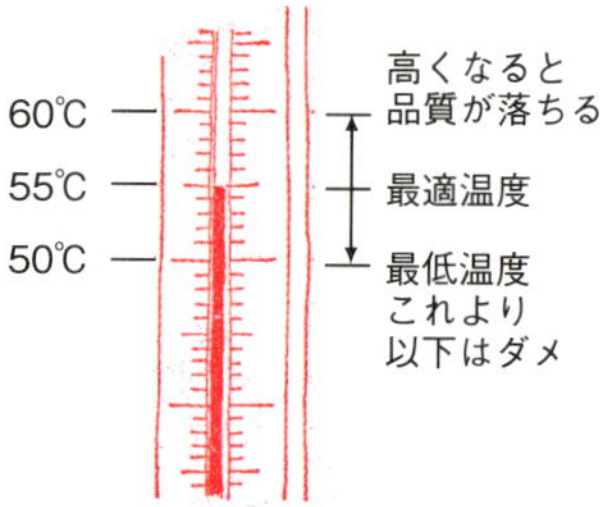
60℃
55℃
50℃
高くなると品質が落ちる
最適温度
最低温度 これより以下はダメ

米こうじのみの場合……4〜5時間
堅づくりの場合……20〜24時間
柔づくりの場合……10〜12時間
加温しないで糖化する場合……4〜5日間
米こうじを多くした濃縮甘酒の場合……5〜8時間

甘酒の材料の配合割合（例）

材料＼つくり方		柔づくり 1例	柔づくり 2例	堅づくり
米こうじ		2.0kg	2.0kg	2.0kg
ご飯	もち米かうるち米		1.5〜2.0kg	2.0kg
ご飯	水		6〜8ℓ	2〜3ℓ
温湯70℃		※2.0ℓ		

※柔づくりの例で米こうじだけでつくる場合

保温法

【湯せん法】

とろ火で 65℃くらいに保たせる

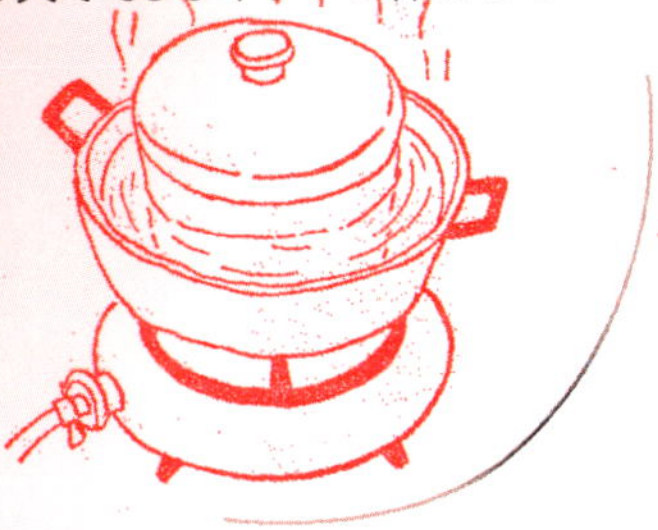

【こたつの中で温める方法】

甘酒の温度が下がらないように注意する

【直火法】

弱火で焦がさないようゆっくりと温める

【ジャー保温法】

なべ、ジャーの容器など熱湯で殺菌して、60℃くらいに温めておく

【毛布やふとんで包んで熱を逃がさない方法】

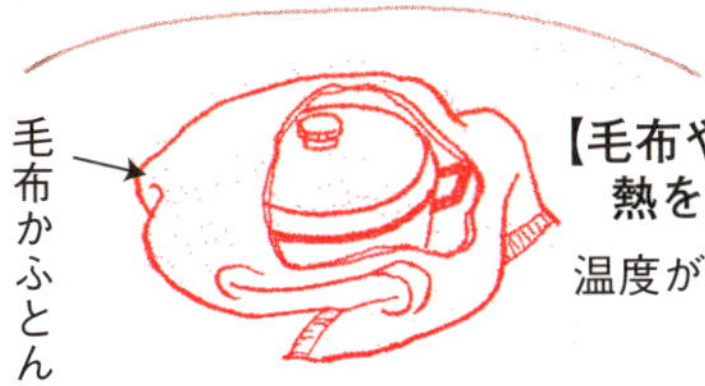

温度が下がったら火で温める

飲み方

同量か 2～3 倍の水を加えて煮立ちさせる

おろしショウガや食塩をひとつまみ入れて飲むとおいしい

加熱殺菌

甘味が出てきたら、100℃で約 10 分間加熱して殺菌
冷却して、びんやビニール袋に入れ、冷蔵庫で保存する

味噌づくり

生きている伝統の味

「わが家の味」の基本だった味噌

味噌は、米・麦・大豆こうじに、蒸した大豆と食塩を加え、密閉された容器の中で発酵・熟成させた、日本古来の伝統ある発酵食品のひとつです。

味噌の歴史は古く、約１３００余年前、中国から伝来したと言われ、以来、米や麦などの主食とともに、日本人の食生活の中で調味料として、あるときは主食の代用として重要な栄養補給源の役割を果たしてきました。

味噌は、日本の各地で製造されていますが、半世紀ほど前までは自給食品として各家庭でつくられ、味噌づくりは主婦の大事な家事のひとつであり、その製造は母から娘へと代々引き継がれてきたものです。

そのため味噌づくりは、地域ごとにその地でとれる原料を上手に使い、気候や風土

味噌の成分　平均値：単位％

種類＼成分	水分	塩分	蛋白質	油脂分	糖分
白味噌	44.5	4.5	7.0	3.8	27.8
江戸甘味噌	48.5	5.8	11.0	4.5	15.2
信州味噌	48.0	12.0	11.4	5.5	12.0
仙台味噌	49.5	12.8	12.0	5.3	10.5
麦味噌（甘口）	46.5	9.5	10.0	4.9	17.2
麦味噌（辛口）	47.5	12.0	12.7	5.5	11.4

に慣れさせた、それぞれの嗜好に合ったものがつくられています。そして、人々にとって故郷の味噌、わが家の味噌汁の味こそが自分にとって最もなじみ深い味噌となり、それが代表的な味噌として身についたものとなっています。したがって、味噌汁の味は「おふくろの味」「故郷の味」として親しまれてきたのです。

しかし現代の味噌づくりは、工業的に製造される「製造味噌」（自家製味噌に対して）であり、銘柄や種類は変わらずとも、伝統的な地域の特産として製造されるものは少なくなってきました。

味噌づくりの技術は、長年の経験で改良を重ね、その中で独特の製造技術が生まれてきたものですが、現在は画一的な技術の中で全国どこに行っても同じ風味の味噌が味わえるという〝味気ない〟、便利なようで情けない世の中になってきました。

また、この伝統的な味を受け継いでいく条件に最も恵まれている農家でさえも、面倒さや手間を考えてか、市販品の味噌を利用するようになってきており、郷土食と言われる〝味噌漬け〟や〝味噌料理〟なども本来の味が失われようとしています。

普通味噌の分類と種類

分類	種類	味噌の特徴
こうじ原料による	米味噌	米こうじを主体としたもの。
	麦味噌	麦こうじを主体としたもの。田舎味噌とも言う。
	豆味噌	大豆こうじを主体としたもの。
甘辛の強弱による	甘味噌	塩味の少ないもので貯蔵性は乏しい。
	辛味噌	塩味の強い味噌。
色調による	白味噌	色が黄白色のものであざやか。
	赤味噌	赤褐色で光沢がある。
	淡色味噌	白味噌と赤味噌の中間色のもの。
製品の形状による	粒味噌	大豆を粗つぶししたもの。
	こし味噌	できあがった味噌をこしてつぶしたもの。

このような現状の中で、一人でも多くの人々が自家製の味噌をつくり、風味のある味噌を取り戻してもらいたいものと願います。

味噌づくりは簡単ではありませんが、つくり育てる楽しみと、市販品にはないわが家独特の味をつくり出していく努力は、他に代え難い喜びを与えてくれるのではないでしょうか。

地域で異なる「味噌」の味

味噌には、一般的な味噌汁や調味材料として使われる「普通味噌」のほかに、おかずとして用いる「なめ味噌」（金山寺味噌やひしほ味噌）と「加工なめ味噌」があります。

ここでは普通味噌について、その種類と特徴を述べ、自分でつくる場合にどんな味噌が最もつくりやすいか、またどんな味噌が自分の住んでいる地域に適しているかを考えてみましょう。

味噌の種類にも分類の仕方によっていろいろ

普通味噌の代表的な種類の原料の配合割合と特徴

分類	銘柄による種類	塩分の割合	原料の配合比率(容量)	原料と取り扱いと味噌の特徴
白味噌(甘味噌)	西京白味噌 府中味噌 讃岐味噌	5〜6%	大豆 10 米 20〜25 食塩 3	内地産大豆を使い煮汁は捨てる。米こうじは糖化力が強い若こうじを使う。白色で甘味が強い。貯蔵性はない。仕込みで水飴やみりんを加えることもある。関西地方の代表的な味噌。
赤味噌(甘味噌)	江戸甘味噌 相白味噌	5〜6%	大豆 10 米 11〜13 食塩 3〜4	上と同様に内地産の大豆、米を使う。大豆は留め釜(1日釜においておく)とする。赤褐色で上品な甘味と芳香がある。貯蔵性は乏しい。
赤味噌(辛味噌)	仙台味噌 信州味噌 佐渡味噌 津軽味噌	13〜14%	大豆 10 米 5〜6 食塩 4〜5	大豆を留め釜として、発酵を十分に行なう。信州味噌は色が山吹色で酸味がある。仙台味噌は信州味噌よりやや米の量が少なく、食塩の量が多い。赤褐色で塩味が強く、長期保存がきく。
麦味噌	別名 田舎味噌 九州(甘味噌) 関東(辛味噌)	甘味噌 9〜11% 辛味噌 11〜14%	大豆 10 米 10〜12 食塩 5〜7	農家の自家製味噌に多い。大麦、裸麦でこうじをつくる。濃赤褐色を呈する辛味噌と山吹色の甘味噌がある。つくり方は米味噌に準ずる。

味噌の種類別産地

原料による種類	味や色による種類		主な生産地
米味噌	甘味噌	白	近畿各県と岡山、広島、山口、香川県
		淡色	静岡、九州各県
		赤	徳島、東京（こうじの多い味噌）
	辛味噌	淡色	関東、甲信越、北陸地方のほか、全国各地でつくられる。
		赤	関東、甲信越、東北地方のほか、北海道など主に寒冷地でつくられる。
麦味噌	甘味噌系		九州、四国、中国地方
	辛味噌系		九州、四国、中国地方のほか、関東地方でもつくられる。
豆味噌			中京、東海地方で八丁味噌、たまり味噌などと呼ばれるもので、愛知、三重、岐阜県に集中している。

な種類があります。

前ページに「普通味噌の代表的な種類の原材料配合割合と特徴」を示した表を用意しましたが、これらの違いは何に起因しているかを調べてみると、次のような点があげられます。

①こうじと食塩、大豆とこうじとの配合割合の違い。

②つくられる地域の気候・風土に合わせた違い。たとえば、仙台味噌などは塩味の強い寒地に適した味噌であり、甘味噌類は一般に暖地の短期間の熟成でつくる味噌に多い。

③製造法・仕込み法の違い。

④熟成期間の長短（塩の使用加減による）や使用目的の違い。

以上のことを考えてみると、良い味噌づくりは、その地域の気候や風土に合った方法で、また目的に合ったものをつくらなければならないことがわかります。

全国味噌調べ

数字は塩分濃度

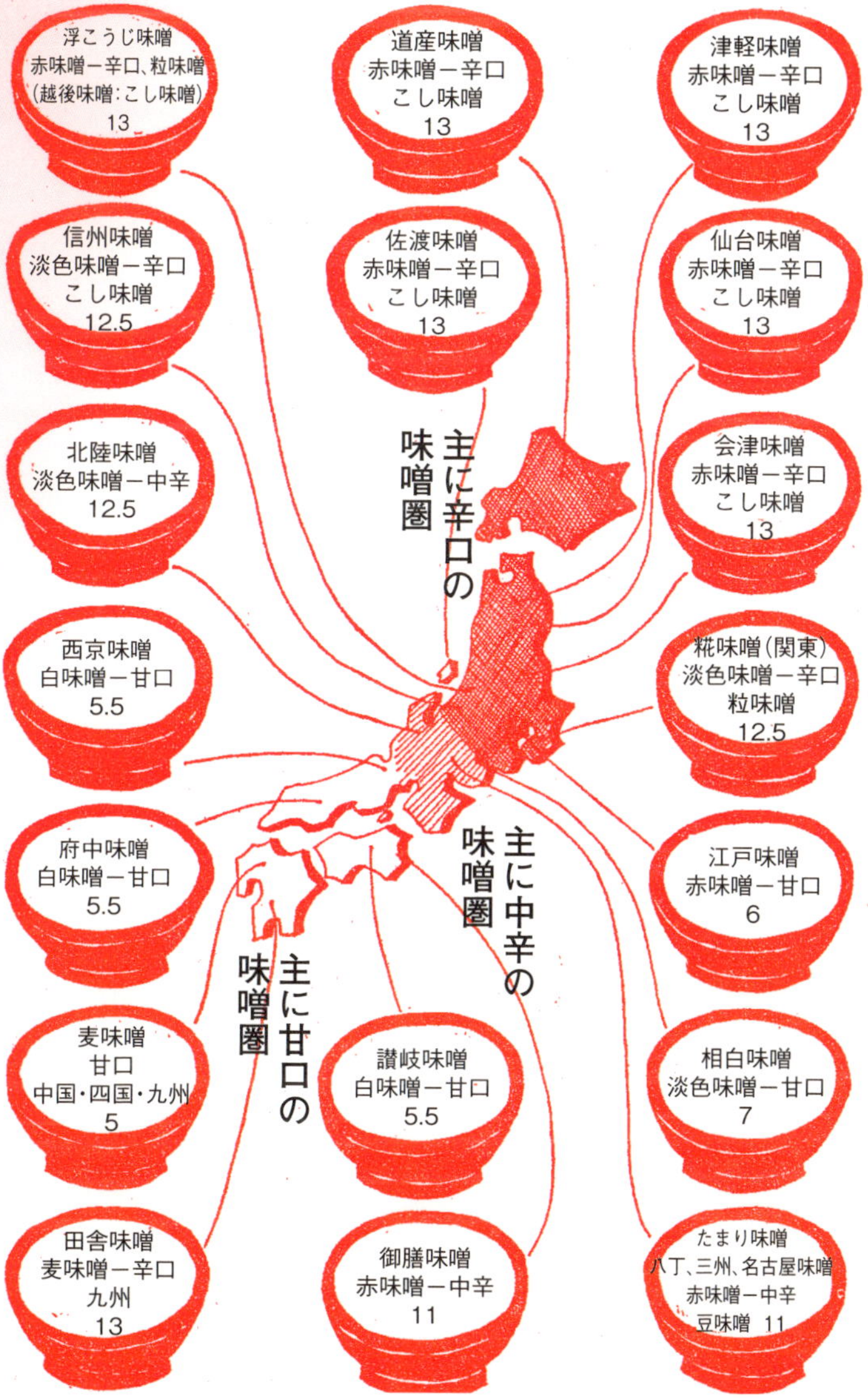
浮こうじ味噌
赤味噌ー辛口、粒味噌
(越後味噌:こし味噌)
13
道産味噌
赤味噌ー辛口
こし味噌
13
津軽味噌
赤味噌ー辛口
こし味噌
13
信州味噌
淡色味噌ー辛口
こし味噌
12.5
佐渡味噌
赤味噌ー辛口
こし味噌
13
仙台味噌
赤味噌ー辛口
こし味噌
13
北陸味噌
淡色味噌ー中辛
12.5
会津味噌
赤味噌ー辛口
こし味噌
13
主に辛口の味噌圏
西京味噌
白味噌ー甘口
5.5
糀味噌(関東)
淡色味噌ー辛口
粒味噌
12.5
府中味噌
白味噌ー甘口
5.5
江戸味噌
赤味噌ー甘口
6
主に中辛の味噌圏
主に甘口の味噌圏
麦味噌
甘口
中国・四国・九州
5
讃岐味噌
白味噌ー甘口
5.5
相白味噌
淡色味噌ー甘口
7
田舎味噌
麦味噌ー辛口
九州
13
御膳味噌
赤味噌ー中辛
11
たまり味噌
八丁、三州、名古屋味噌
赤味噌ー中辛
豆味噌 11

前ページの図は味噌の種類別にその産地をあげたものです。自分の好みの味噌づくりおいて、ひとつの参考になるでしょう。

伝統の味を生かす味噌づくりの秘訣

おいしい味噌づくりの秘訣をまとめてみると、次の3点になります。

①原料を選ぶこと。とくに米こうじ・麦こうじの出来具合、目的に合ったこうじを使用すること。

②仕込みの仕方、殺菌した容器に密閉すること。

③十分な熟成と手入れを行なうこと。

この3点の微妙な違いで味噌の風味は変わってきますし、出来上がりも異なってきます。それぞれにつき、くわしく見ていくことにしましょう。

原料の選び方

①こうじ　こうじは味噌の風味や色づけに大切な役割を持っているため、こうじ菌のよく育った米こうじや麦こうじを使用しないと良い味噌はつくれません。

また、こうじの原料となる米や麦も、国内産のものが最良で、十分に精白したものを使用します。こうじの出来上がりの状態（出こうじ）によって味噌の種類が変わってくるのでその点も注意すること。一般に白味噌、淡色味噌では「若こうじ」が赤味噌、辛味噌では「老《ひね》こうじ」が適しています（こうじづくりの項参照）。

②大豆　大豆は出来上がりの色や旨《うま》味を決定づける重要な成分を持っています。日本産のもので、大粒で種皮が薄く、黄色で光沢のあるものがよい。また水に浸けたときよく吸水し、色は鮮明で適度な弾力を持つような大豆がよい。

現在わが国で市販されている大豆は、その大部分がアメリカやブラジル、カナダからの輸入品で、これらの大豆は脂肪を多く含み、日本の味噌用には適しません。そのためにもなるべく国内産の大豆を探して使用するようにしたいものです。

大豆の良否は、大豆を煮熟した後の状態によって判断するのが専門家の方法ですが、自家製の場合はそれができないので、なるべく割れ豆や傷つき豆、病害虫に侵されていない豆を選別して使用します。

③食塩　食塩は市販されている精製塩か上質塩を用います。こうじづくりの際、出こうじのとき必要量の塩と混合しておいて使うのが一般的です。これを「塩切りこうじ」と呼んでいます。

④その他　味噌の成分の約50％は水分です。そのため製造の途中で水を加える場

合がありますが（種水と呼ぶ）、自家製の場合、大豆の煮汁が大豆にある程度含まれていますのでとくに加える必要はありません。しかし種水を加える場合は飲用水を用いれば問題はありません。

また発酵を順調に行なわせるため、熟成した味噌を原料の2～3％量加えます。これは熟成を早めることと、味噌の発酵に関係の深い酵母菌や乳酸菌を入れるためのものです。そのためによく慣れた出来上がりの味噌を使用します。この味噌を「種味噌」と呼んでいます。

必要な用具と殺菌の仕方

味噌づくりの用具としては、まずは味噌を仕込む容器が必要です。仕込み材料（原料）が十分入るだけのオケやタル、ツボ、またはポリ容器やステンレスタンクなどを用意します。これらは、あらかじめ十分に消毒し、水気を切って乾燥しておくことが大切です。

大豆の蒸煮用にかまやなべ、また味噌つき用（大豆をつぶすのに用いる）のうすやすりばち、ミキサーなど、密閉用のビニール布、押しぶた、重石、容器の覆い用の布切れ、ビニール、新聞紙などが必要です。

いずれも殺菌した用具を使用することが必要ですが、加熱殺菌できるものは熱湯で殺菌し、その他のものは洗剤等でよく洗い清潔にしたものを使用します。

熟成期間と手入れ

味噌の味は、甘味と酸味・塩味・うま味の混合したものに、味噌特有の香りが加わったものです。この味噌の味は原料の大豆・米や麦・こうじ菌の酵素の働き、それに後から加わった酵母菌や乳酸菌の働きで出来上がります。

この味をつくり出すためには原料の使い方はもちろんですが、ある一定の熟成期間を必要とし、その間の温度の変化や発酵が順調に行なわれるような手入れが必要です。

手入れの方法としては、味噌容器の周辺を清潔にし、虫などが進入しないよう覆いをしっかりとしておくこと。温度は15～20℃くらいに保つようにします。

また熟成期間中に、味噌容器の中の熟成を平均化して発酵作用を促進させるために内容物の上と下を入れ替え混合する作業（切り返し）を1～2回行ないます。

熟成期間は、温度やこうじの使用量、食塩の濃さなどによって異なり、とくに自家製の場合は少なくともひと夏越させないと十分に熟成させることはできません。そのための期間は最低でも6ヵ月以上は必要です。

また一般に、自家製味噌は塩辛いと言われますが、これは長期熟成させるためには塩分が多くないと腐敗しやすいので仕方ありません。しかし食塩の量はうま味との関係が深いので、標準量より多くならないように注意しましょう。

およその熟成期間の目安を味噌の種類別に示すと次ページの表のようになります。

味噌の種類別による熟成期間

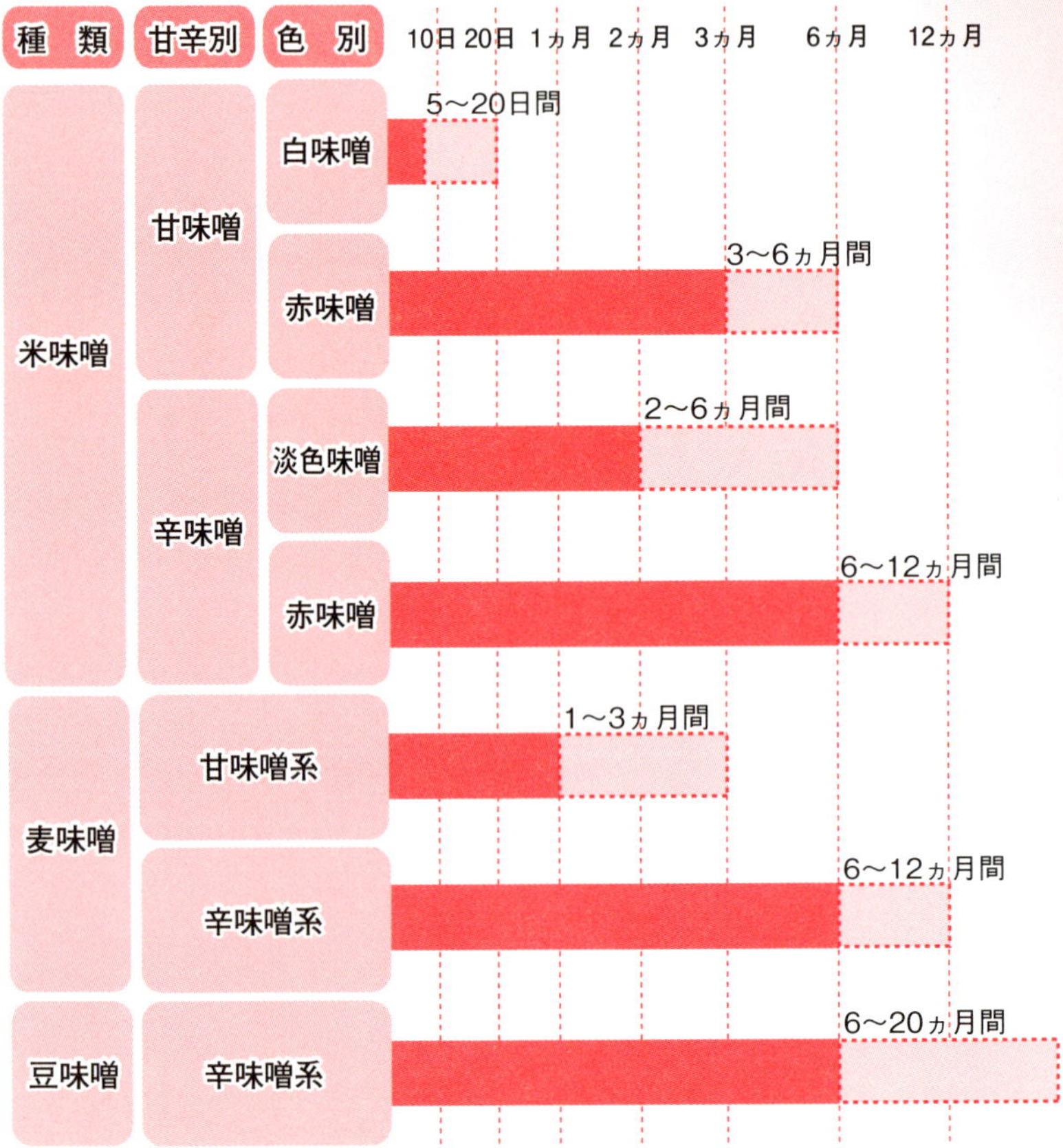

種　類
甘辛別
色　別
10日
20日
1ヵ月
2ヵ月
3ヵ月
6ヵ月
12ヵ月
米味噌
甘味噌
白味噌
5〜20日間
赤味噌
3〜6ヵ月間
辛味噌
淡色味噌
2〜6ヵ月間
赤味噌
6〜12ヵ月間
麦味噌
甘味噌系
1〜3ヵ月間
辛味噌系
6〜12ヵ月間
豆味噌
辛味噌系
6〜20ヵ月間

（およその目安の期間）

基本的な味噌のつくり方

味噌づくりの標準的な手順

味噌のつくり方にはいろいろな方法がありますが、その基本の形は皆同じです。原料の配合割合や混合の仕方などが異なるだけなので、基本の形をまず覚えましょう。配合の割合はこの後の例示を見ていただくとして、まず手順を作業名と工程でよく覚えて、作業にとりかかってください。

①大豆は選別したものを十分に水洗いした後、水に浸し吸水させます。吸水後の大豆は約1時間ザルなどに取り上げ水切りします。

②大豆の蒸煮の方法には、圧力釜で煮る方法、普通の釜で煮る方法、こしきなどで蒸す方法などですが、いずれも大豆が軟らかく煮えるまで約3〜5時間煮ます。味噌の色づけのために、煮えた後、5〜6時間大豆を釜の中に入れたままにしておく場合（留め釜）や煮汁を種水として使う場合もあります。

③煮た大豆は35℃くらいまで冷まします。

④こうじは、出こうじとともに味噌づくりに必要な食塩の約10〜15％の量を残して（残した食塩は、材料を仕込む際、容器の底と表面にふり塩としてすり込むのに使用する）全部混合しておきます。これを塩切りと呼びますが、出こうじととも

味噌づくりの工程と作業名（手順）

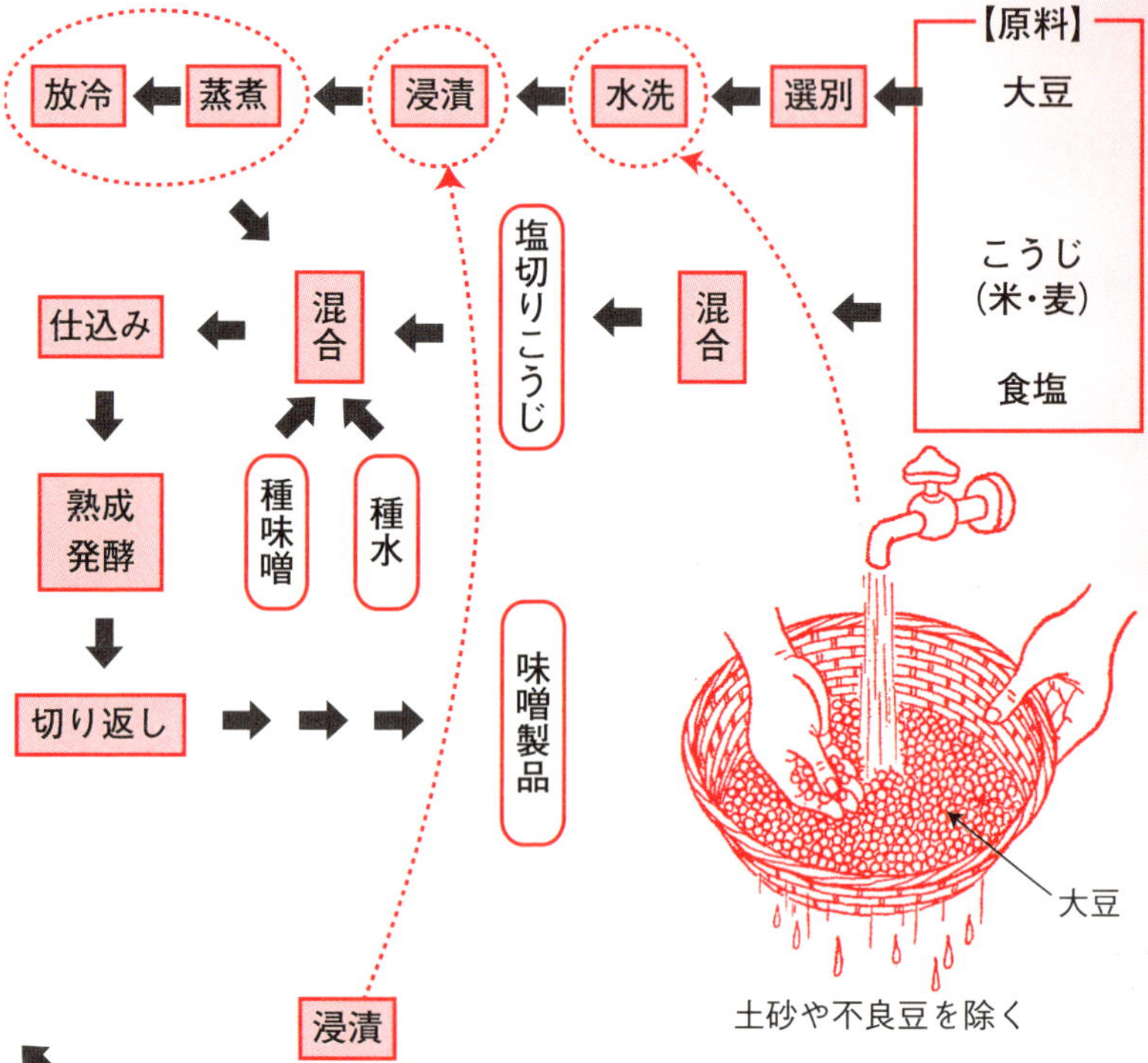
【原料】
大豆
こうじ
(米・麦)
食塩
選別
水洗
浸漬
蒸煮
放冷
混合
塩切りこうじ
混合
仕込み
種味噌
種水
熟成
発酵
切り返し
味噌製品
大豆
土砂や不良豆を除く
浸漬

【大豆の浸漬法】

次ページへ

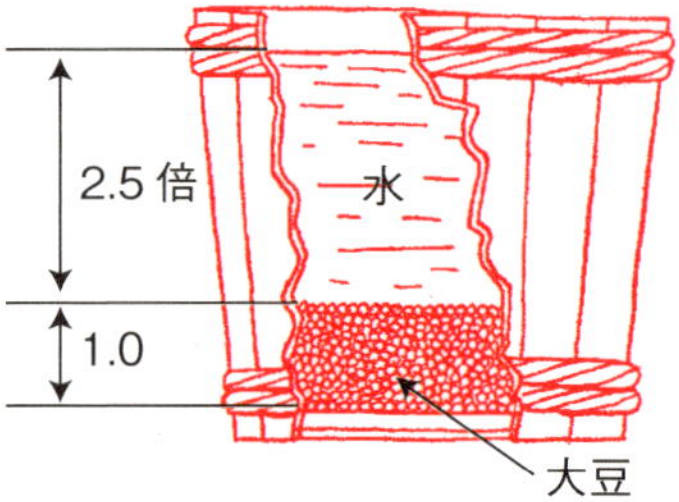
2.5 倍
水
1.0
大豆

【浸漬時間】

20℃前後	7～10 時間
15℃前後	15～20 時間

【浸漬大豆の目安】

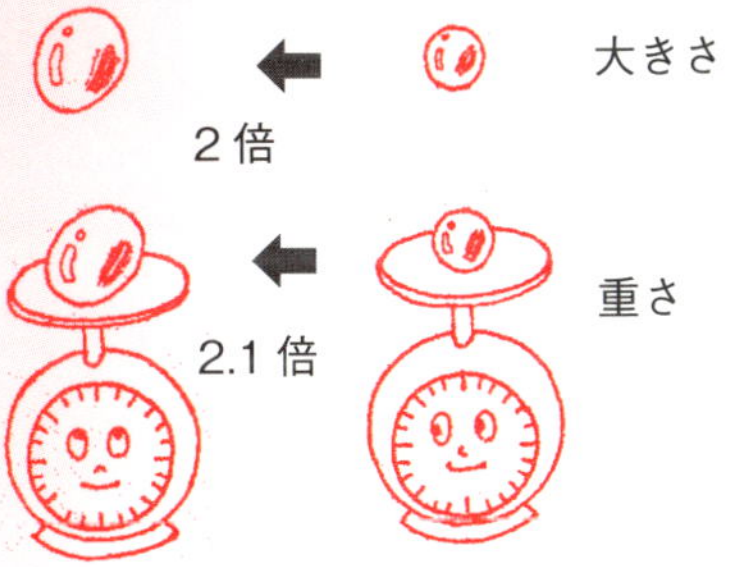

水切りは1時間前後

蒸煮

沸騰湯の中で5～6時間
(こし器で蒸す場合もある)
1～2回、湯を吹きこぼさせる

指で押さえて軽くつぶれる程度の
軟らかさがよい

放冷

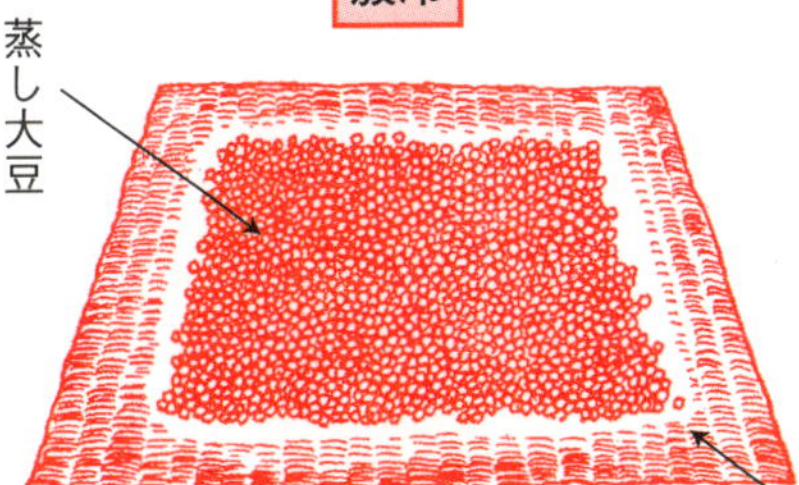

35℃まで冷却

ゴザやむしろなどを利用する

【米味噌の場合】

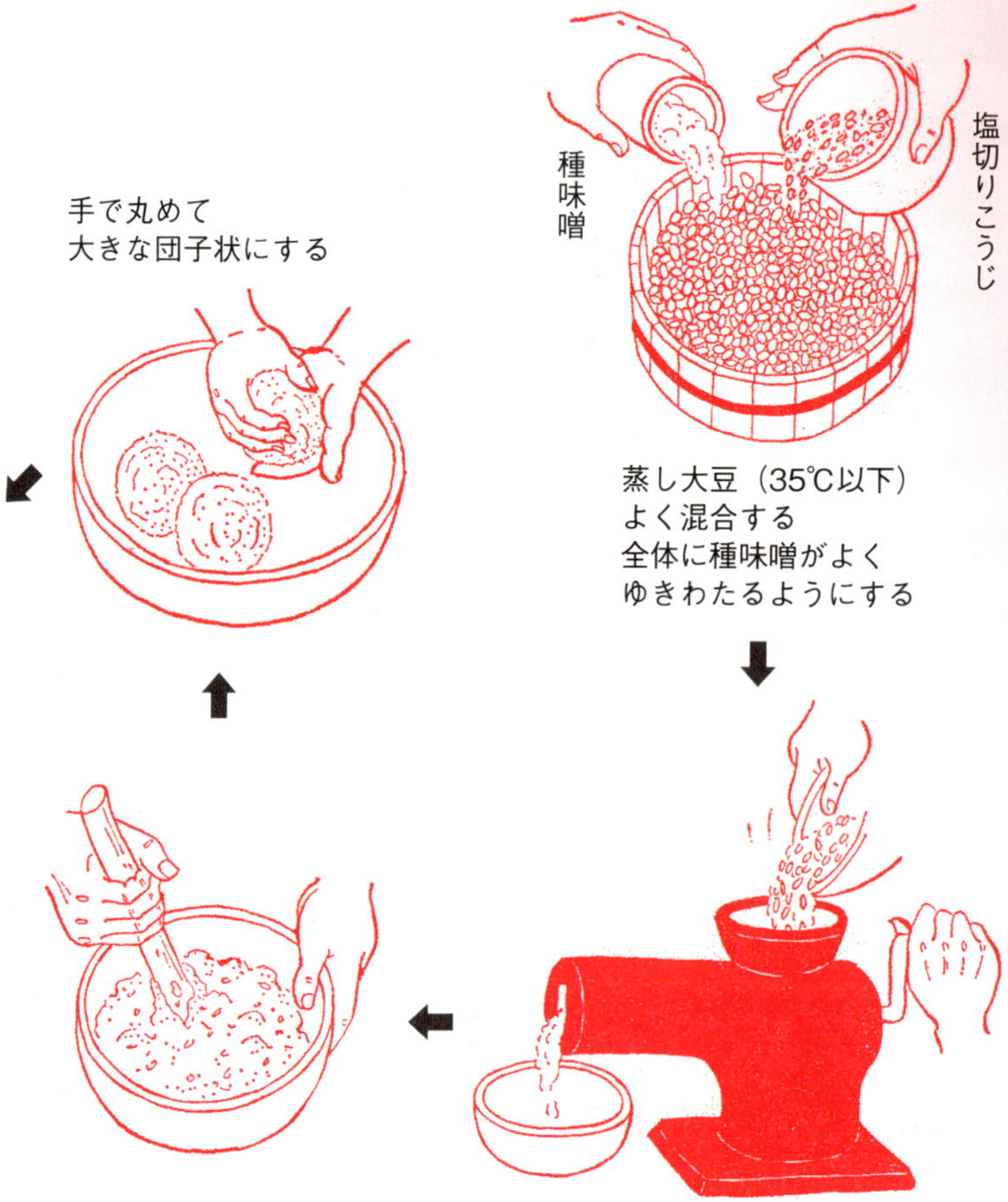
種味噌
塩切りこうじ
蒸し大豆（35℃以下）
よく混合する
全体に種味噌がよく
ゆきわたるようにする
味噌こし機、うす、ボールなどでよくつぶす
（餅つき器で味噌練り羽根のついたものもある）
手で丸めて
大きな団子状にする

【麦味噌の場合】

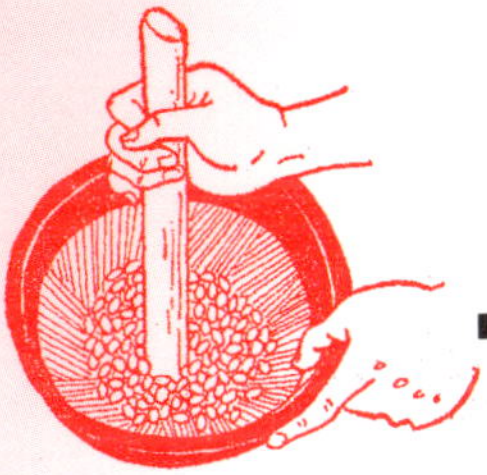

蒸した大豆をよくすりつぶす
量が少ない場合は、ビニール袋の中に大豆を入れて、足で踏みつぶしたり、丸太などで叩いてもよい

つぶした大豆と食塩と混合した麦こうじに種水と種味噌を最後に入れる

手で丸めて
団子状にする

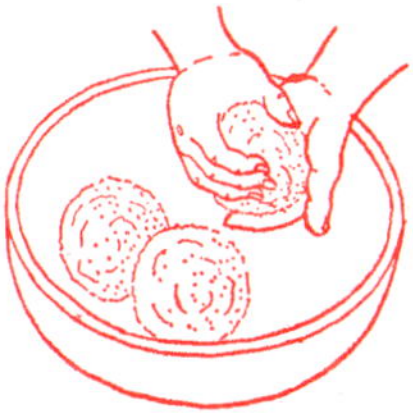

たる、おけ、ポリ容器などの底に食塩を少量塗り込んでおく

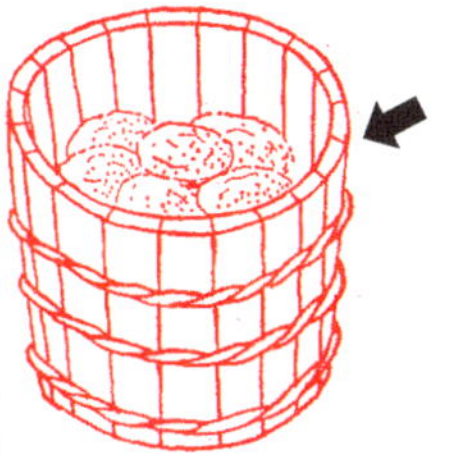

容器の中にすき間のないように団子状のものを投げ込み強く押しつける

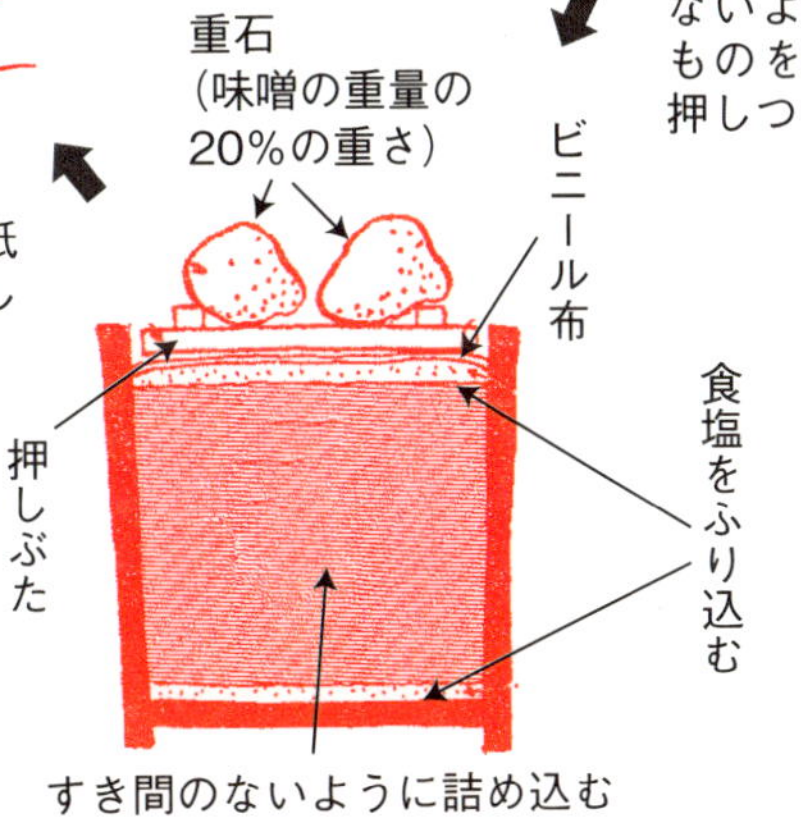
重石
（味噌の重量の
20％の重さ）
ビニール布
押しぶた
食塩をふり込む
すき間のないように詰め込む

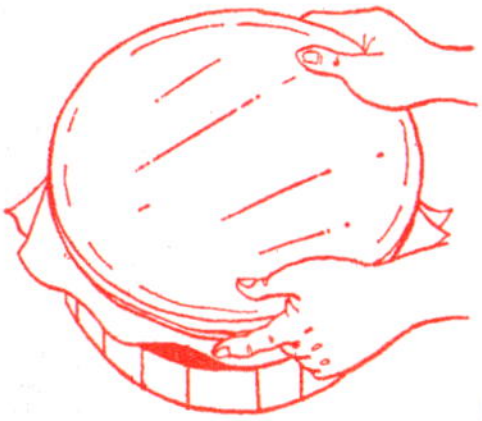

ビニール布や新聞紙で覆い、ひもで固くしばる

に仕込む場合はその必要はありません。
⑤大豆と塩切りこうじをよく混合します。その後、種味噌、種水を入れます。種水は入れなくても水分は十分ですが、冬期仕込みの場合は大豆の重量の10％程度の種水を入れます。
⑥麦味噌の場合は、先に大豆をつぶしておいて麦こうじと混合しますが、その場合大豆は完全につぶさず、やや荒めにつぶしておいたほうが混ぜ合わせやすい。仕込み用の容器は、あらかじめ殺菌消毒し、ゴミや水気がないようにします。仕込みの際は、すき間のないように手で強く押しつけるようにして詰め込みます。そのためには手でまるめてだんご状にして投げ入れます。この場合、材料（原料）が均一によく混合していることが大切です。
この場合の材料の温度は30℃以下であることが大切です。
⑦カビの発生や表面の乾燥を防ぎ、外部から虫などが入らないよう、表面に食塩をふり込んだ後、ビニール布などですき間なく密着させ、その上に押しぶたをして重石をします。量が少ない場合は重石を乗せる必要はありません。外側はビニールなどで覆い、ひもで固く結んでおきます。
⑧容器は温度変化の少ない場所（直射日光の当たらない場所）に置きます。
⑨熟成期間中に切り返し作業（内容物の上下を入れ替える）を行なうと品質の均一な味噌が出来上がります。

味噌の出来上がり

重石を乗せてふたをした後は、好みの味噌をつくるために一定の熟成期間を要します。54ページに示した図を参考にしてください。

出来上がりの味噌はそのまま食用にできますが、味噌こしにかけてこし味噌として利用します。しかし、そのままのほうが舌触りなどがかえって手づくりの実感を味わうことができるでしょう。

出来上がった味噌の品質は千差万別で、決して同じ品質のものは二度とつくれないと言われますが、ちょっとした気候の変化や手入れの違いで風味が変わり、これが〝最高のもの〟というものはありません。そのために、なるべく自家の好みに合った味噌づくりに早く慣れることが必要でしょう。

しょうゆ（醬油）づくり

世界で愛される日本の味

しょうゆは調味料の王様と言われます。

これは、しょうゆが米食にも肉食にも菜食にも、すべての食事に合い、また油や砂糖、酢など他の調味料ともよく調和するからでしょう。しょうゆさえあれば、他の調味料をまったく必要としないほど、まれな調味料です。

日本独特の伝統的な調味料であったしょうゆが、現在では世界の各国で多くの人々に親しまれ〝ジャパン・ソイソース：Japan Soy Sauce〟（日本の大豆ソース）として、その香りと風味が愛用されており、「しょうゆ」はいまやそのままでも国際語となっているほどです。

現在私たちが使用しているしょうゆは、その大部分がしょうゆ工場で一貫醸造され、調味された工場製のしょうゆです。

では、いったい〝在来しょうゆ〟とか〝天然醸造しょうゆ〟と呼ばれた塩いっぱいの農家でつくられたしょうゆは、どこへ行ってしまったのでしょうか。

手づくりのしょうゆはなぜ減った？

私たちのおばあちゃんが家事を担っていた頃、農家の自家生産の小麦や大豆で、味噌と同様に、しょうゆもほとんどの農家で手づくりしていました。

そして、しょうゆのしぼり粕は「しょうゆの実」と呼ばれ、副食品として重宝されていま

ミニ知識

【しょうゆのルーツ】

私たちが日頃何気なく使っているしょうゆは、昔は貴族だけの高価な調味料でした。

約700年前、紀州由良の興国寺の禅僧〝覚心〟が、中国から「径山寺味噌《きんざんじ》」の醸造法を学び、その後苦心の末、液状の部分だけを分離する方法を発明して、それが現在のしょうゆになったと言われます。

〝しょうゆ〟の文字が初めて書物に見られるのは、今から400年ほど前（慶長2年）ですが、しょうゆに類似するものは1200年前の奈良朝時代に〝味醤《みしょう》〟の名称ですでにあったことが知られています。

しょうゆははじめは貴族だけの料理の秘宝として伝承されてきましたが、豊臣秀吉の時代の頃から、製造法が一般に公開され、江戸時代の初期から一般庶民の間にも広く用いられるようになりました。日本料理の基本的な味は、しょうゆと各種の〝ダシ〟によると言われるくらいです。

したが、この味を覚えている人も現在では少なくなっているのではないでしょうか。

農家の生活様式はすっかり変わってしまい、大豆や小麦は外国から輸入されるようになり、農家での原料栽培も少なくなってしまいました。

またしょうゆづくりは日数がかかり、手入れに手間がかかること、原料の価格に比べて歩止まりが悪く、品質も必ずしも一定のものがつくれないこと、工場製の安価で味の良いしょうゆが手軽に入手できるようになったことなどから、だんだんと手づくりしょうゆは減っていきました。

しょうゆの種類と特徴

現在の工場製しょうゆは、生産の合理化と原料の効率的な利用という面で技術の改善が進み、安価で味の良いしょうゆが多量に生産されるようになりました。しかし、栄養的に、また風味の上から、また私たちの健康上から見て最高に優れたものとは必ずしも言えないと思えます。

しょうゆ本来の風味が味わえる天然醸造しょうゆは、生産量が少なく、たとえば製造工程では速醸法と呼ばれる6ヵ月短期熟成のものや、アミノ酸を利用した化学しょうゆ、また着色料や保存料、アミノ酸、化学調味料などで調味されたしょうゆなどが多くなっているのも事実です。

しょうゆは、本来地域に適した伝統的な製造法でつくられ、その風味が地域の人々

しょうゆの種類と特徴

種類名	主な生産地	主な特徴
濃口しょうゆ（普通しょうゆ）	関東地方に全国に多い	煮物や付けしょうゆとして一般に使われるもの。香気があり味も良い。
淡口しょうゆ	関西地方	色が淡く、さらっとした感じで味付けに用いる。塩分が高いために米こうじを補い甘味をつける。
たまり（溜）しょうゆ	愛知、岐阜 三重県 東海地方	大豆を主原料としてこうじをつくる。香気は低いが、粘度が高く、濃厚な味がする。 刺身しょうゆや米菓・つくだ煮用に使われる。
その他のしょうゆ	甘露しょうゆ	山口、広島、島根県などで生産されている。濃口しょうゆに比べて、色・味が濃厚で香りも良い。
	白しょうゆ	名古屋地方の特産。色は淡口しょうゆより淡く、こうじの香りの強い甘いしょうゆ。雑煮などに使われる。
	魚しょうゆ	魚やいか、貝類を原料としてつくったもので、秋田地方の“しょっつる”や四国の“いかなご”などがある。

の好みに合ったしょうゆとして発展したものだけに、つくり方にもいろいろな違いがあり、また原料の配合割合や手入れ法なども異なっています。

しょうゆの種類は上に表示したように少なく、しかも生産地が一定の地域にまとまっているのが特徴です。これは工場の立地条件や気候・風土がしょうゆづくりに適していたためです。

もっとも生産量が多く、全国的に使われているのは濃口しょうゆで、製法も風味もほぼ全国各地で同じなので、〝普通しょうゆ〟と呼ばれています。

しょうゆは、どのようにしてできる？

しょうゆづくりの手順を、原料と製造方法で示すと左の図のようになります。工場でつくる場合は、原料や原料の処理工程など複雑ですが、一般的な製法は、大豆と小麦でまず「しょうゆこうじ」をつくり、食塩水と混合して仕込みます。仕込んだ「もろみ（諸味）」を手入れしながら約1年熟成させた後、もろみを搾汁し、こした液汁を調味したものがしょうゆです。

しょうゆを熟成させるということは、大豆や小麦の中の成分を食塩水の中に溶け出させ、こうじ菌やその他いろいろな微生物の働きで、甘味やうま味、香りをつくり出させることを言います。

熟成中は、微生物の働きを盛んにして、もろみが腐敗しないような毎日の手入れをしなければなりません。手入れを怠ると品質の良いしょうゆはつくれません。

昔から、しょうゆづくりは「一こうじ、二かい（櫂）、三火入れ」と言われています。これは、こうじの良否（微生物を上手に働かせること）、かい入れ（手入れ作業をまめにすること）、火入れ（仕上げの段階での調味と殺菌、保存法）が品質を決定する重要なポイントであることを示しています。

【手づくりしょうゆづくりの手順】

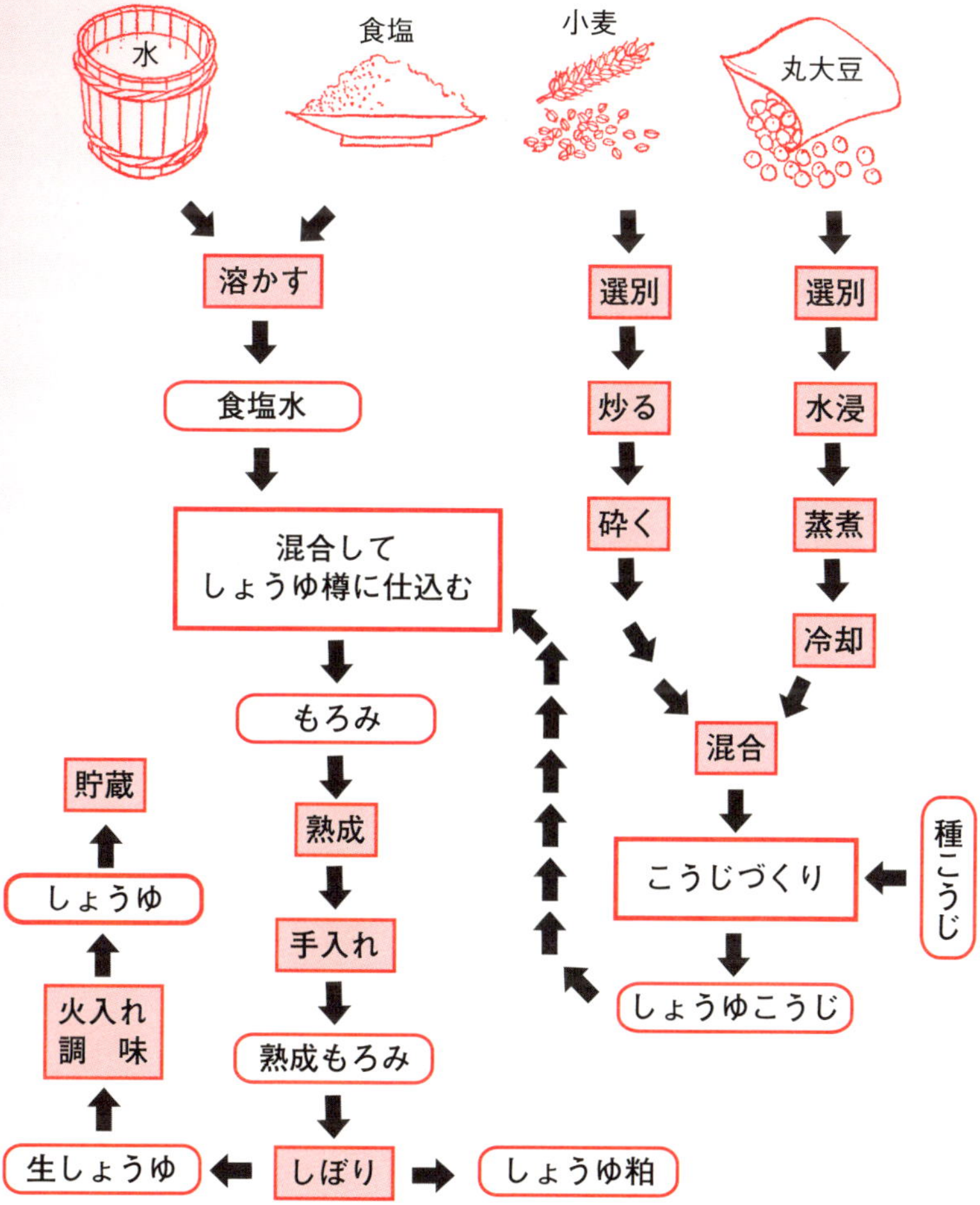
水
食塩
小麦
丸大豆
溶かす
食塩水
選別
炒る
砕く
選別
水浸
蒸煮
冷却
混合して
しょうゆ樽に仕込む
混合
こうじづくり
種こうじ
しょうゆこうじ
もろみ
熟成
手入れ
熟成もろみ
しぼり
生しょうゆ
しょうゆ粕
火入れ
調　味
しょうゆ
貯蔵

【工場でのしょうゆづくり】

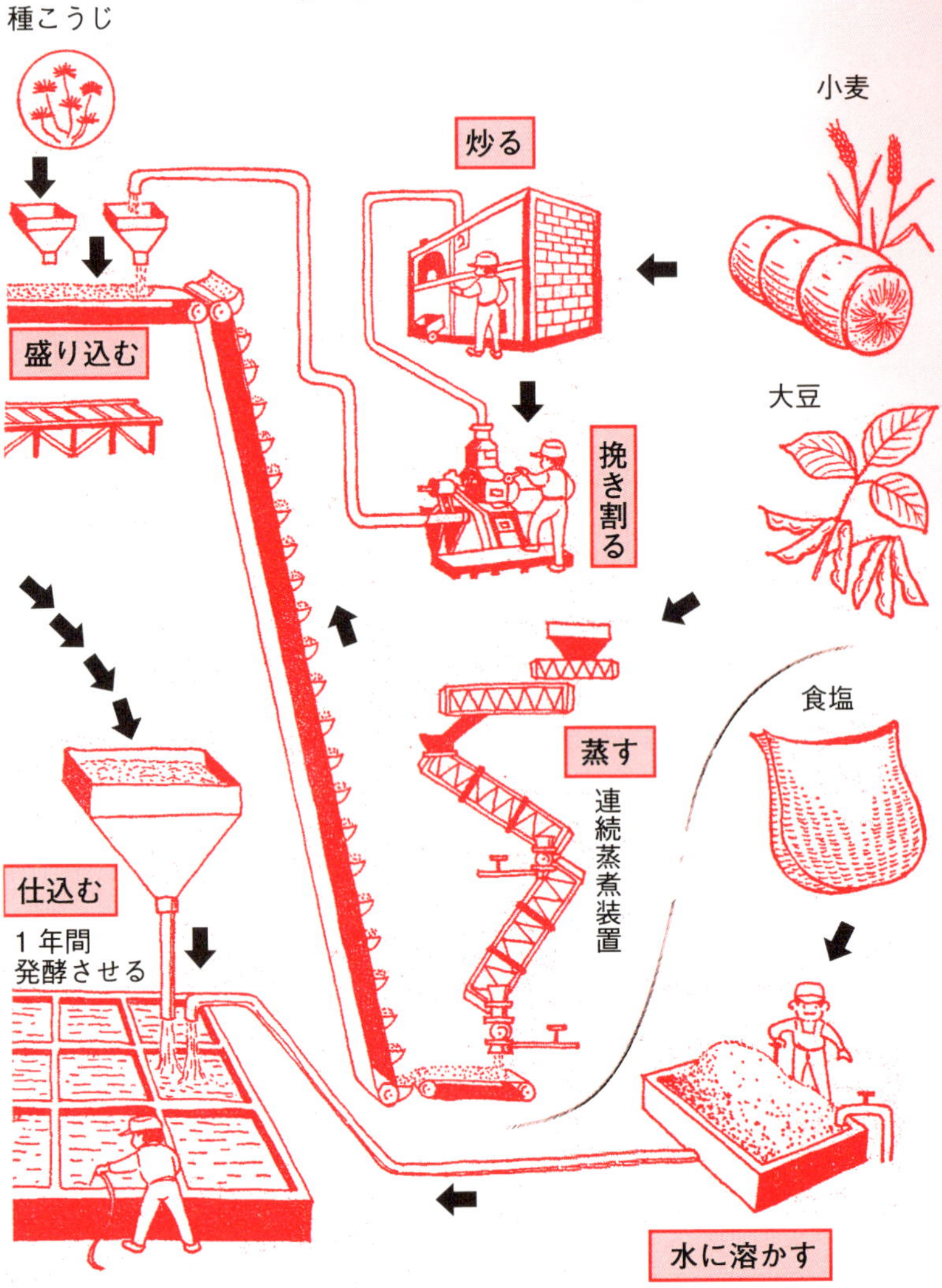

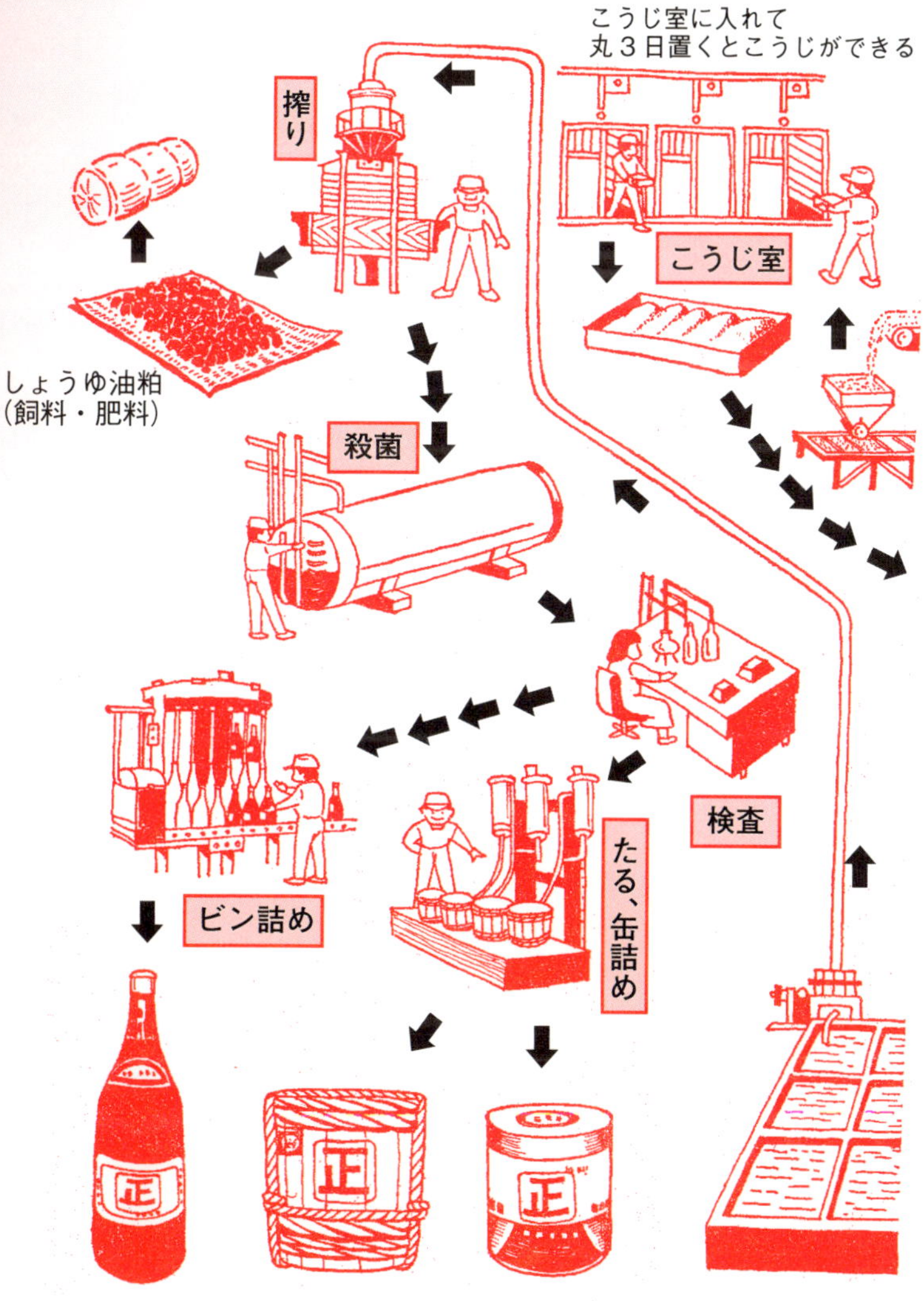
こうじ室に入れて
丸３日置くとこうじができる
搾り
こうじ室
しょうゆ油粕
(飼料・肥料)
殺菌
検査
ビン詰め
たる、缶詰め
正
正
正

「普通しょうゆ」のつくり方

普通しょうゆの材料の配合割合は、大豆と小麦は同量、水は大豆と小麦の合計量（元石と言う）と同じ量、食塩は水の半量（五分塩と言う）を用いるのが普通で、これを十水（とみず）仕込みと呼んでいます。

しかし、家庭でつくるような少量の場合、この方法ですと水の量が少なく、手入れがやりにくいため、水の量を多くした〝十一水〟か〝十二水〟仕込みを行なったほうが便利です。この配合を示したものが次ページの表です。

現在では重量で表したほうが便利ですから、つくり方は重量で材料の配合割合を示しました。この場合、大豆1ℓを720g、小麦1ℓを750gの割合で換算し、出来上がりの製品量として30～35ℓのしょうゆができる量で示しました。

原料と必要な用具

大豆は国内産の丸大豆を用います。形の整ったものを用い、虫喰い豆や変色したものは除きます。脱脂大豆も使えますが、その際は丸大豆の重量の70～80％を用います。

小麦はどんな種類のものでもよい。大麦や裸麦は使用しませんが、小麦がない場合は代用品として用いてもよい。しかし、風味や色は小麦を使用した場合よりも劣りま

普通しょうゆの配合標準割合（容量）

種類＼原料	大豆	小麦	食塩	水	標準的な食塩水のつくり方
十水仕込み	100	100	100	200	水1ℓに対して食塩250〜260gを溶かす
十一水仕込み	100	100	110	220	
十二水仕込み	100	100	120	240	

元石と言う

す。

水は飲料水でいいが、清水を使うようにします。

食塩は普通塩を使います。食塩は塩味としょうゆの保存に大切な働きをしますので、使用量は正確に計量すること。また水に完全に溶かして使用することが大切です。

用具としては、こうじづくりに必要な道具、おけやバケツ、なべ、釜、ザル、小麦を炒るなべ、ひき割る道具（石臼か割砕機）、仕込み用の樽かかめ、ほうろう引きのタンクなど、手入れ用の棒（突きかい）、しょうゆしぼり用具（ねじり棒、圧さく機、しぼり袋）、ひしゃく、貯蔵用ビン、温度計、以上のものは最低必要です。

しょうゆこうじのつくり方

しょうゆこうじは味噌の場合と同様ですが、大豆を多量に使うので、温度管理に注意しないと（高温にしないこと）納豆菌や他の雑菌が繁殖しやすくなります。水分が多いため、製こうじの時間が味噌用のこうじの場合よりやや長くなり、50〜55時間かかります。

【自家製しょうゆこうじのつくり方】

大豆

浸漬時間は水温 18℃ぐらいで 8〜10 時間程度、
容量で大豆が 2.2 倍になったらよい

煮る場合

5〜6 時間煮て豆が軟らかく
なったら 12 時間弱火で
留め釜する

蒸す場合

5〜6 時間蒸した後、60℃くらい
の温度で 12 時間保温する
（留め釜と言う）

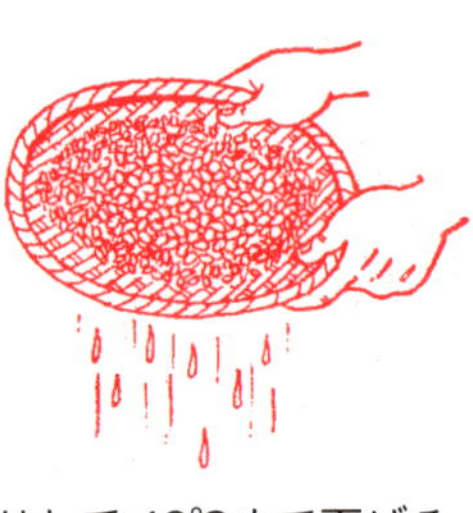

水切りして 40℃まで下げる

材料と配合割合

丸大豆	7.5kg	13kg（元石）
小麦	7.5kg	
食塩	5.0〜5.5kg	（汲水）
水	20 ℓ	
種こうじ	15g	

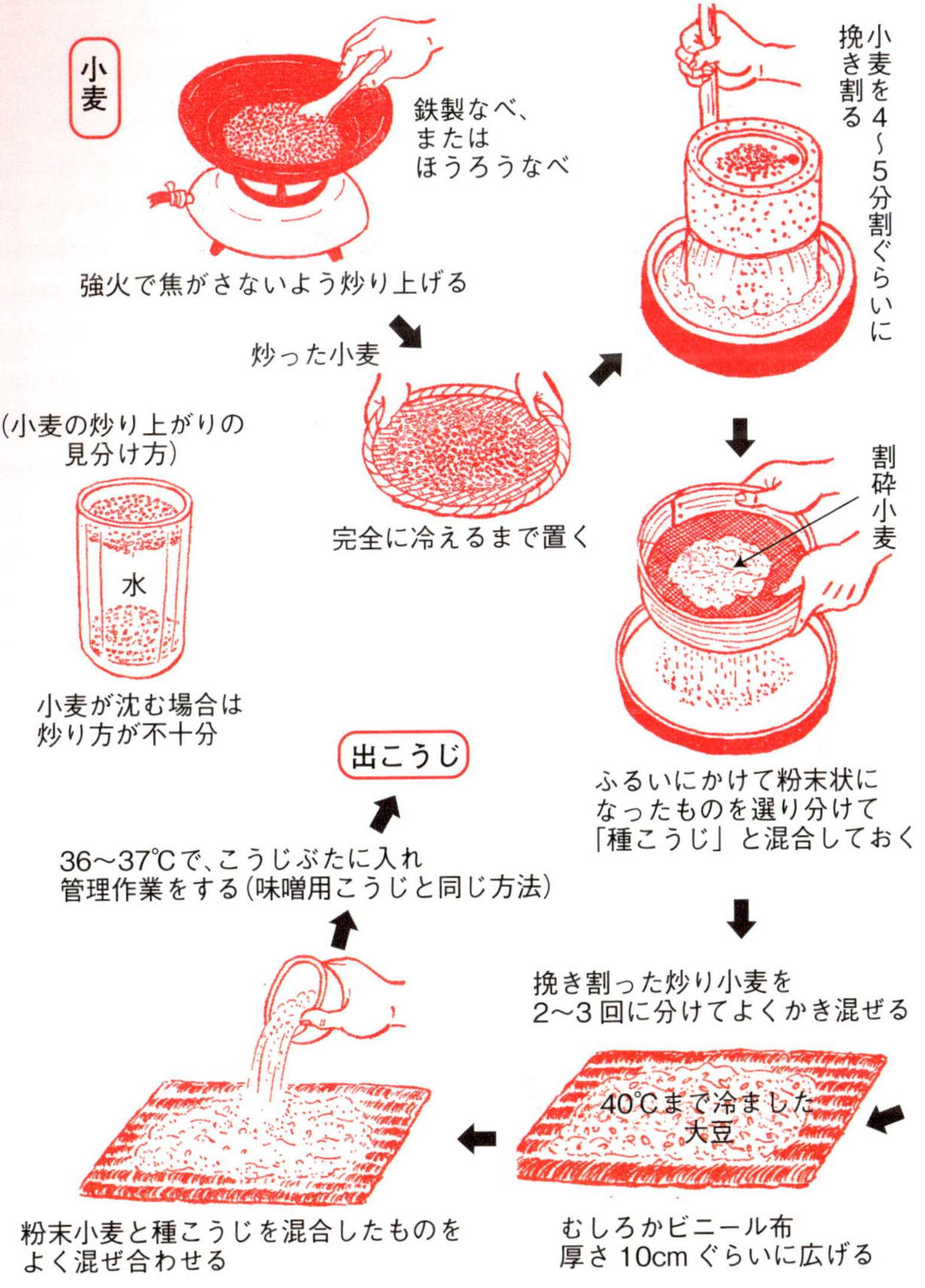

小麦
鉄製なべ、
または
ほうろうなべ
強火で焦がさないよう炒り上げる
炒った小麦
完全に冷えるまで置く
(小麦の炒り上がりの
見分け方)
水
小麦が沈む場合は
炒り方が不十分
小麦を4〜5分割ぐらいに
挽き割る
割砕小麦
ふるいにかけて粉末状に
なったものを選り分けて
「種こうじ」と混合しておく
挽き割った炒り小麦を
2〜3回に分けてよくかき混ぜる
40℃まで冷ました
大豆
むしろかビニール布
厚さ10cmぐらいに広げる
粉末小麦と種こうじを混合したものを
よく混ぜ合わせる
36〜37℃で、こうじぶたに入れ
管理作業をする(味噌用こうじと同じ方法)
出こうじ

こうじ菌は必ず〝しょうゆ用種こうじ〟を使い、使用量は大豆と小麦の合計量（元石）の1～2％量が適当です。

大豆は蒸煮します。〝留め釜〟すると大豆の中心部まで軟らかくなり、色つきも良く、たんぱく質もこうじ菌の働きで分解しやすくなります。

小麦は炒ります。小麦を炒るのは殺菌と水分をとり除き、発酵しやすくするためです。

手入れの方法は味噌用こうじに準じて行ないます。

①15～16時間経過すると、温度が37～38℃になるので、空気に触れさせ、よく混ぜる。
②20～22時間経過すると、こうじは黄色を帯び、こうじ臭が強くなります。温度が40度以上に上昇するので、温度が上昇しないように手入れを行なう。
③30時間経過すると、こうじは熟成期に入り、全体が緑褐色となる。温度が42℃以上、また30℃以下にならないように注意する。
④約45～50時間で、出こうじとする。全体が黄緑色となったらよい。

しょうゆこうじづくりは、通風を良くして十分に酸素を与えることが大切です。

【食塩水（汲水）のつくり方】

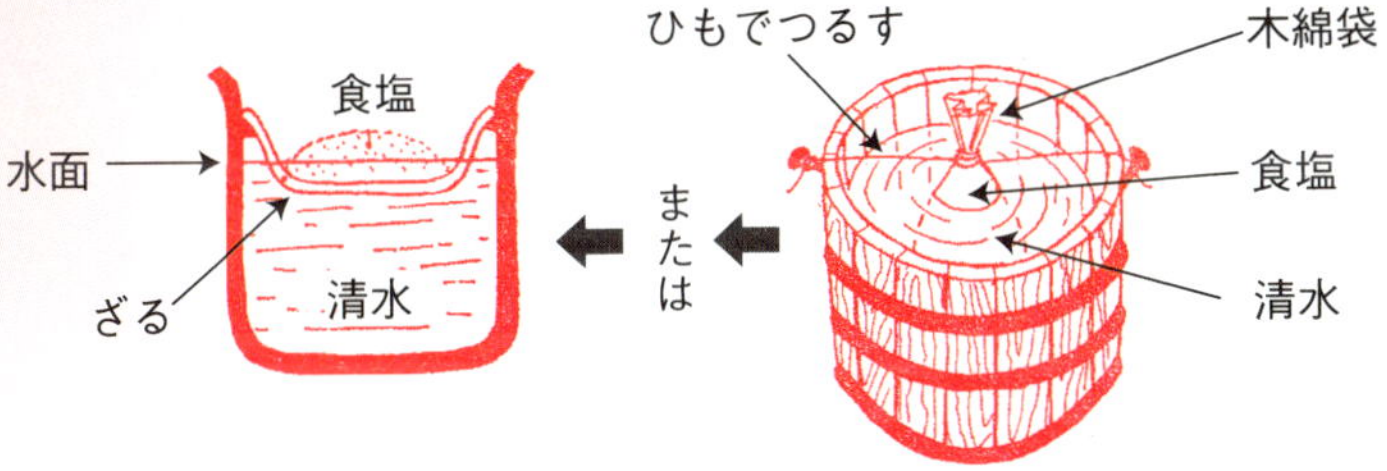

仕込み用タンク、おけ、かめなどを利用する
食塩は一昼夜かけて自然に溶かす
食塩が均一に完全に溶けていないと良いしょうゆはつくれない

仕込みと手入れのコツ

食塩水は食塩の量が多いので、なかなか溶けにくいため、図示したような方法で時間をかけてゆっくりと溶かすことが必要です。

こうじができたら、食塩水の中によくかき混ぜながら入れます。食塩水とこうじが混ざったものを「しょうゆもろみ（諸味）」と言います。仕込み用の容器は、食塩水とこうじが十分入るだけの容量のあるものを用意します。

仕込みが終わったら、なるべく温度変化の少ない場所に置いて熟成させます。

しょうゆは、仕込んでから約1年以上もかかって熟成し、風味や色が出てきます。それで、熟成を早める材料の成分が食塩水の中によく溶け込むようにするため「撹拌《かくはん》作業」（かい入れ作業とも言う）をします。撹拌は非常に大事な作業で、発酵や熟成に大きな影響があります。これは〝もろみ〟の温度を均一にして、容器の中の二酸化炭素（炭酸ガス）を外に出し、新しい空気（酸素）を送り込み、酵素やいろいろな菌類の働きを盛んにするために行なうもの

【仕込みの仕方】

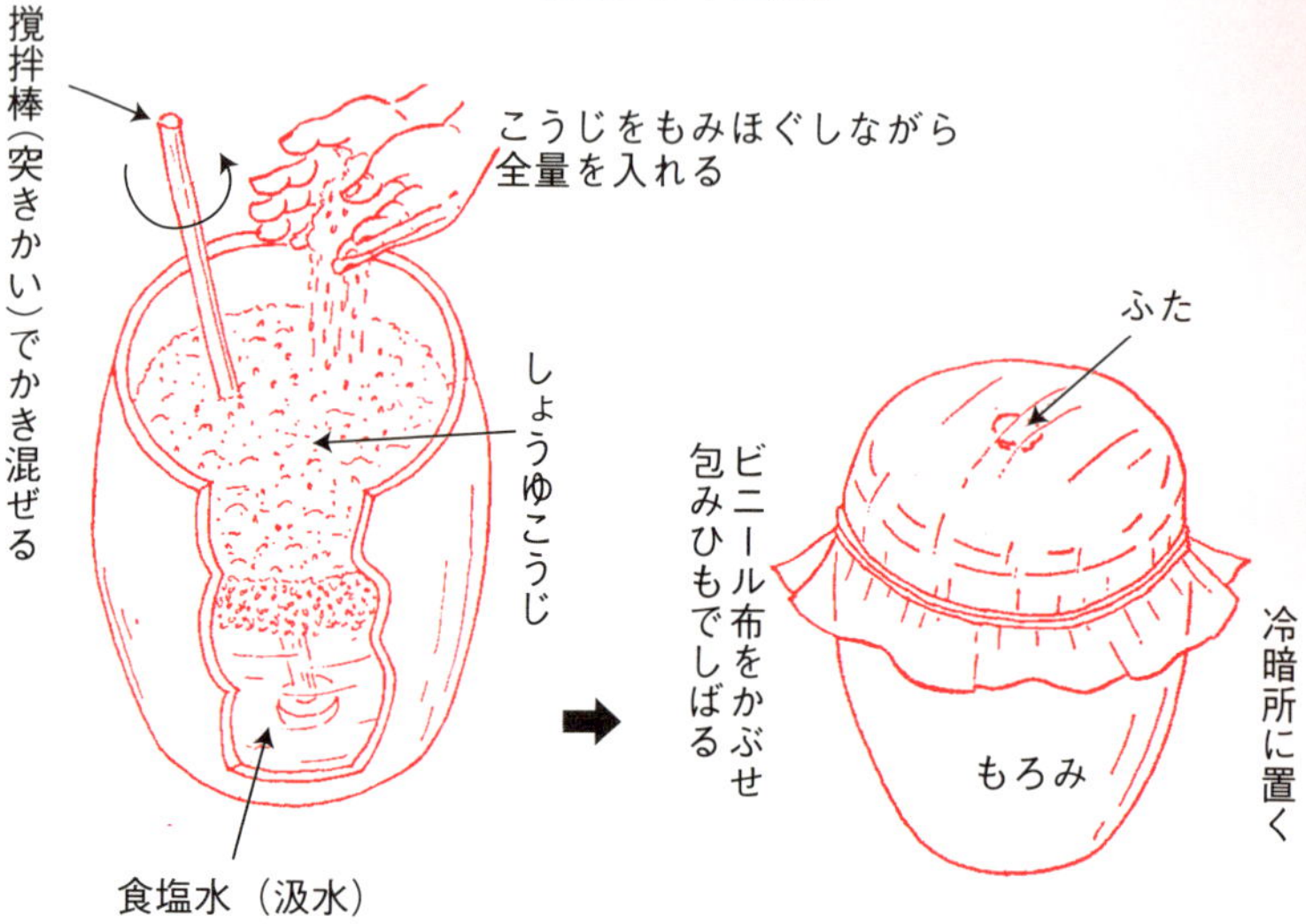

撹拌棒（突きかい）でかき混ぜる
こうじをもみほぐしながら
全量を入れる
しょうゆこうじ
食塩水（汲水）
ふた
ビニール布をかぶせ
包みひもでしばる
冷暗所に置く
もろみ

【手入れの仕方】

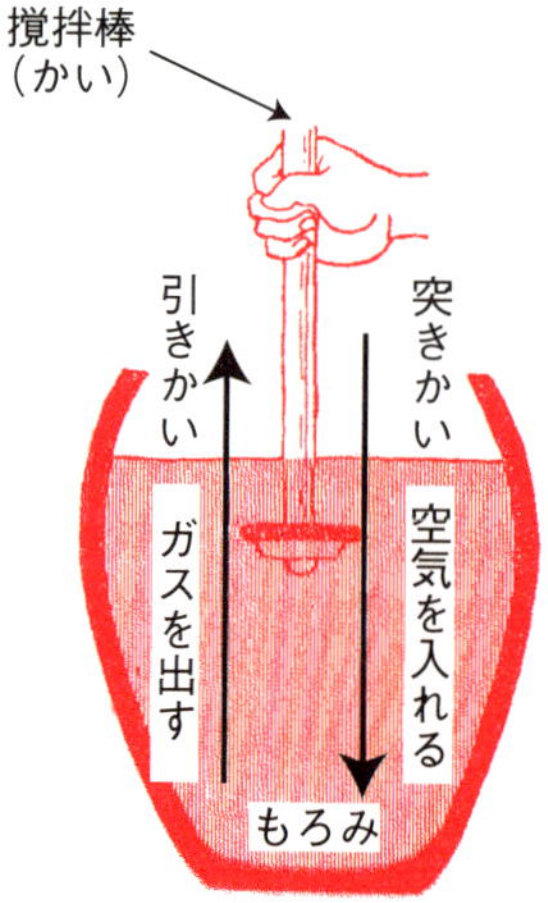

撹拌棒
（かい）
引きかい
ガスを出す
突きかい
空気を入れる
もろみ

手入れの回数（例）

季節	回数
1〜3月	2〜3日に1〜2回
4〜6月	毎日1回
7〜9月	毎日2回
10〜12月	毎日1回

（およその目安です）

で、ただかき混ぜるためだけの作業ではありません。そのため攪拌作業（手入れ）は図示のように棒を勢いよく下まで突き刺し、ゆっくり引き上げる動作を繰り返します。

手入れの回数は、熟成が進むにつれて少なくしてもよいが、もろみの表面が固まったり、カビが発生しないように注意することが大切です。

仕上げと貯蔵法

もろみの熟成の目安は、表面に透明な液汁ができてくるのを目安とします。

熟成に必要な期間は、材料の種類やこうじの良否、食塩水の食塩濃度、気温、手入れ法などにより長短がありますが、12～15ヵ月くらいかかるのが普通です。

「1年ものは香り、2年ものは味、3年ものは色」と言われ、年月が経ったものほど風味などの品質は向上します。そのためにも、しょうゆは完全に熟成するまで待ち、途中でしょうゆをくみ出したりしてはいけません。

搾汁は、圧搾機がない場合はしぼるのが難しいですが、木綿袋の手しぼり式でも約65％くらいは搾汁液を得ることができます。

最初の搾り汁を「一番じょうゆ（生じょうゆ）」と言います。味は良いが香りは少なく濁っています。

このままでは変質しやすく、濁りもとれないので「火入れ作業」を行ないます。

火入れを行なうと風味も増し、殺菌の働きもあり、貯蔵性も増します。しかし、火入れの温度が高かったり時間が長くなると、せっかくの香気成分が失われてしまいます。

搾り粕は、再び温湯を同量加え、1~2日間おいた後、再び搾汁するとしょうゆが得られます。これを「二番じょうゆ」と呼びます。

火入れの終わったしょうゆは、別の容器に2~3日間静置しておくと、おりが沈殿するので上澄み液だけを殺菌したビンに移し入れて密封して保存します。

手づくりのしょうゆは、保存料（殺菌剤など）が入っていないので貯蔵中にカビが発生しやすくなります。そのため、ビンの口のところまでいっぱいに入れて密閉し、冷涼な場所に貯蔵します。またビンの表面にカビが出ても下のほうは変質していないので十分食用にすることができます。

風味を良くするため、好みによっては砂糖、酒、食酢、化学調味料などを、火入れの前に適量入れ調味してもいいでしょう。

【仕上げと貯蔵法】

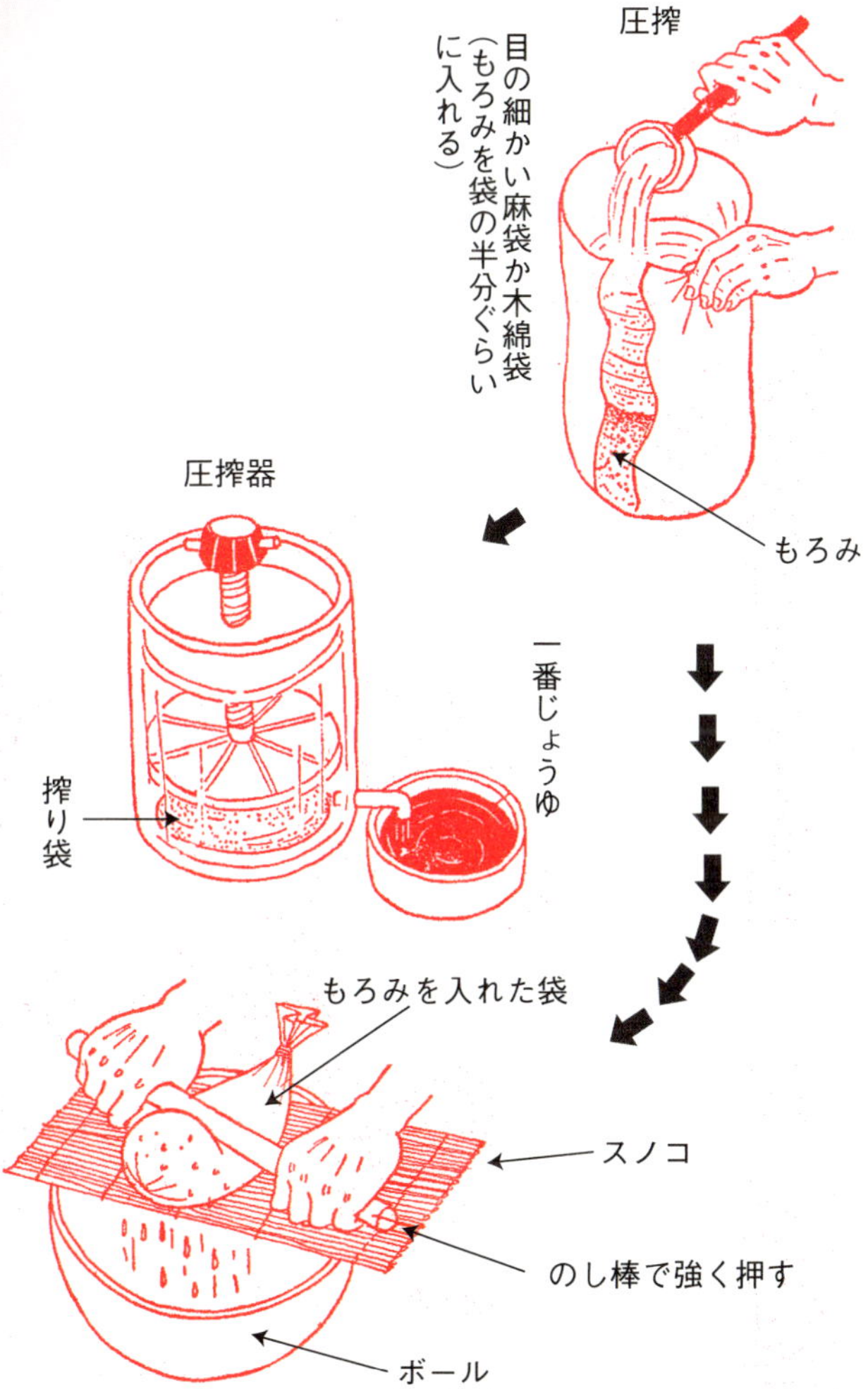
圧搾
目の細かい麻袋か木綿袋
（もろみを袋の半分ぐらいに入れる）
もろみ
圧搾器
搾り袋
一番じょうゆ
もろみを入れた袋
スノコ
のし棒で強く押す
ボール

【火入れ】

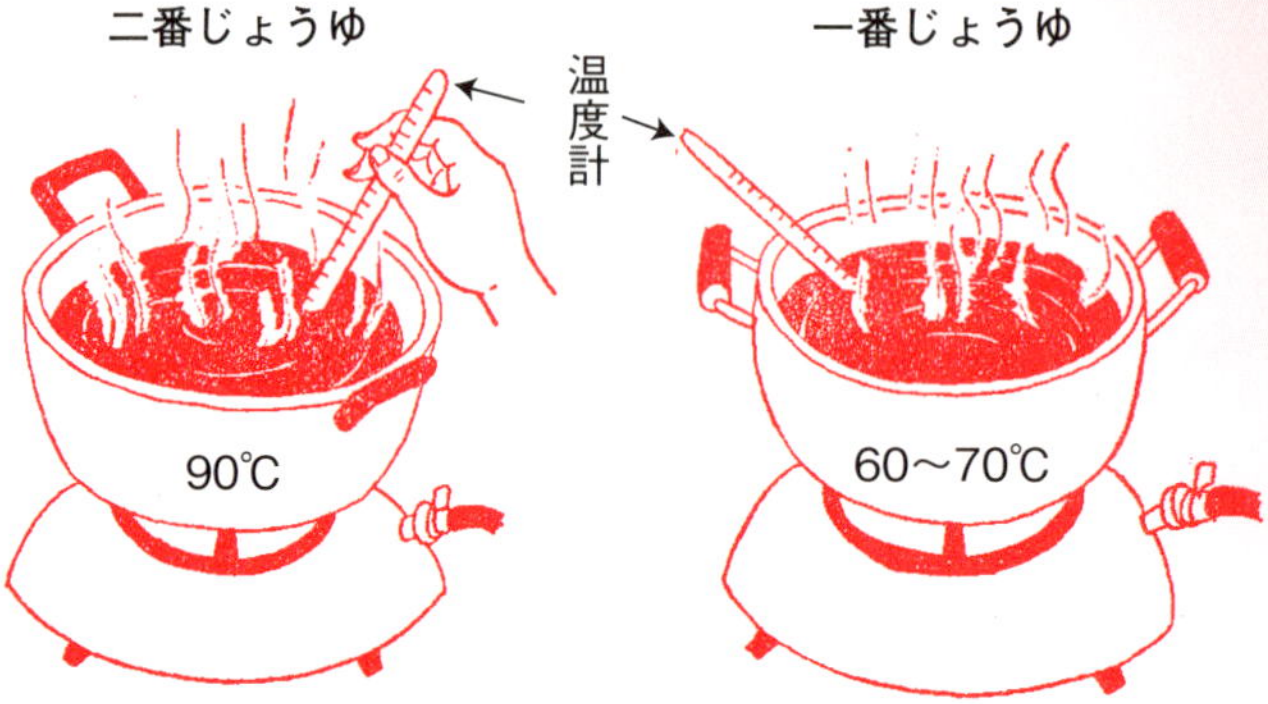
二番じょうゆ
一番じょうゆ
温度計
90℃
60〜70℃

90℃で30分間加熱する

60〜70℃まで温度が上がったら、
すぐ別の容器に移す

【貯蔵】

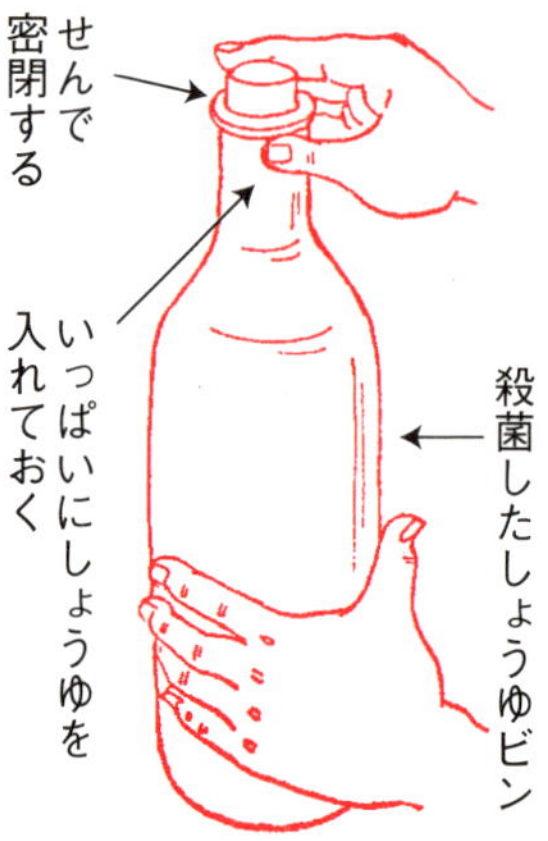
せんで密閉する
いっぱいにしょうゆを入れておく
殺菌したしょうゆビン

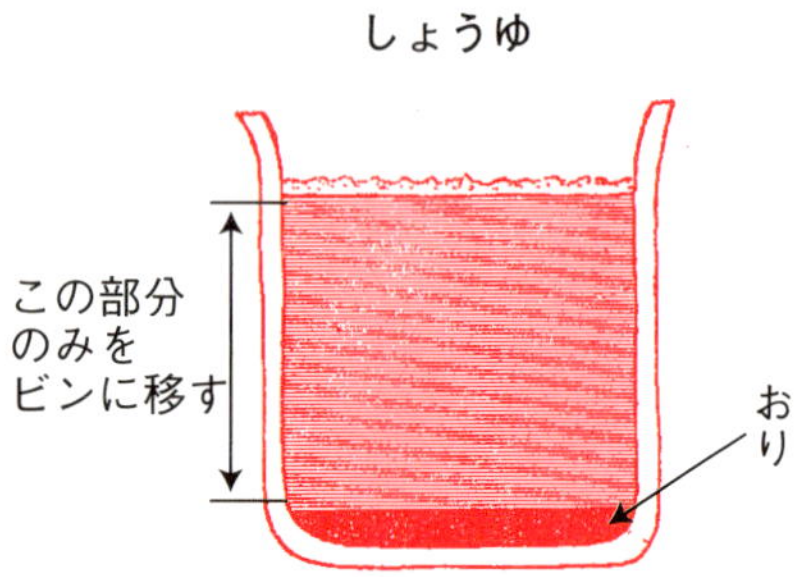
しょうゆ
この部分のみをビンに移す
おり

2〜3日静置したもの

2章
貯える知恵を活かした
食品づくり

季節の味を貯える食品づくり
——おばあちゃんは魔術師

半世紀ほど前の風景です。夕暮れになると、隣の納屋の裏囲いからおばあちゃんがザルいっぱいの卵を抱えてきます。鶏がどこで卵を産むのか、どうして納屋の裏から卵が出てくるのか、現代に生きる私たちには、不思議でなりません。

とってきた卵は、いろり端で1個ずつていねいに新聞紙で包み、大きな竹かごの中に入れ〝ヨイショ〟と屋根裏に仕舞い込んでいきます。冷蔵庫も普及していない時代、「卵を新聞紙で包み」「風通しの良い涼しい暗い場所に置いておく」と鶏卵は半月以上保存できるということを生活の知恵として伝統的におばあちゃんは知っていたのです。

その他にも、干したダイコンや干しイモ、干し柿、やはり干したゼンマイやワラビなどなど、屋根裏からどんどん出てきます。さらに納屋からは、毎日の食卓を賑わせてくれる色とりどりの漬けもの、おにぎりをひときわおいしくしてくれる梅干し、おじいちゃんの元気の源〝梅酒〟。

屋根裏、納屋、大きな茶筒の缶の中から、土間の戸棚から、いろいろなものを取り出してくるおばあちゃんの姿は、まるで魔術師が手品のように何でも取り出す姿に似ていました。

「食べものを貯える」、それはおばあちゃんが日常何気なく行なっていた作業にすぎなかったのですが、その一つひとつに〝貯える知恵〟が活かされていたようです。

乾燥野菜づくり

〝乾燥〟は最も簡単な保存法

野菜やイモ類、山菜などを天日乾燥して保存する〝干し野菜〟は、独特の風味と食味を持った食品として、また四季の自然の恵みを貯える方法として、昔から行なわれてきた食品づくりです。

インスタント食品としても人気がありますが、手づくりする人は多くありません。非常用の食品として、またいつでも四季の風味を味わえる食品としてぜひつくっておきたいものです。

つくり方は簡単で、だれにでもつくれます。それほどの準備もいらず、ただ手まめに心掛けることと、乾燥の方法のコツを覚えれば、様々な種類のものがつくれます。

カンピョウ、切り干しダイコン、ホウレンソウ、ニンジン、ナス、タマネギ、イモ、山菜などは、干し野菜の代表と言えるでしょう。

乾燥の原理とつくり方のコツ

乾燥にはいろいろな方法がありますが、天日を利用するのが一番自然であり特別の操作や技術を必要としません。

天日乾燥は、太陽の光と熱によって植物に含まれている水分を徐々に蒸発させ、乾燥させるとともに、光による色づけなどが行なわれます。天日で乾燥すると、はじめは表面の水分から蒸発をはじめ、表面の水分が少なくなると内部の水分が外側へ徐々に浸み出してきて広がり蒸発して、それで全体の水分が蒸発して乾燥します。

1～2日で約5～6割の水分が蒸発しますが、残りの2～3割の水分が無くなるまでには4～5日間を要します。

天日での乾燥の限度は、最終的には85～90％くらいで、残りの10％程度の水分は残ります。しかし干し野菜の場合は、葉菜類で水分は20％ぐらいまで、根菜類では25～30％ぐらいまで乾燥すればよく、それ以上になると砕けてしまったり、また硬くなりすぎてかえって風味を悪くします。

天日乾燥の方法は、乾燥する材料にもよりますが、形良く、また利用するとき便利なようにするのがコツです。その主な方法とコツをあげると次の図のようになります。

干し野菜は、缶やビンに入れて密閉しておけば、6ヵ月～1年は保存できます。食べるときはぬるま湯の中に30～40分浸しておくだけです。

干し野菜のつくり方のコツ

干し方のコツ

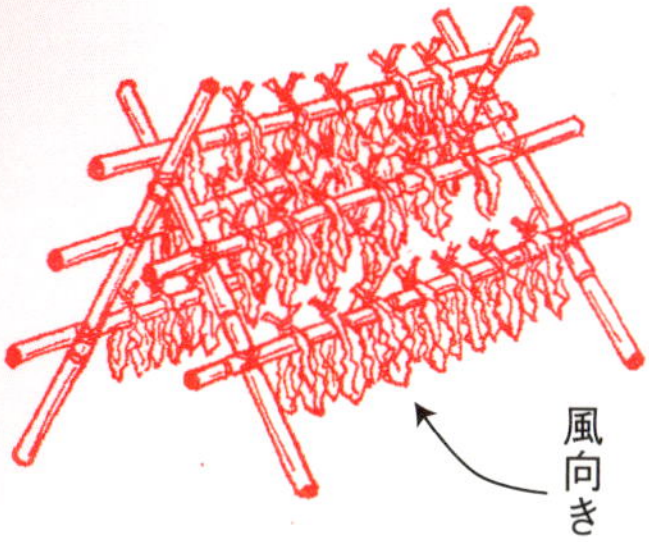
風向き

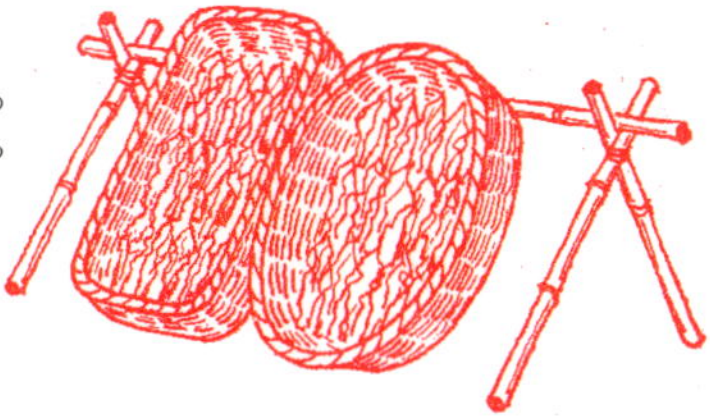

①最初は陰干しで徐々に乾燥させる。
　急激な乾燥は水分の蒸発を妨げる。
②風通しの良い場所で短期間に干し
　あげる。
③夜間は屋内に入れてむしろなど
　をかけておく。
④雨にうたせない。

貯蔵のコツ

①製品は弾力性があって、手で
　もんでも粉末にならない程度。
　(水分 10～15%)
②湿気が入らないようにしないと
　変色したり、カビが生える。

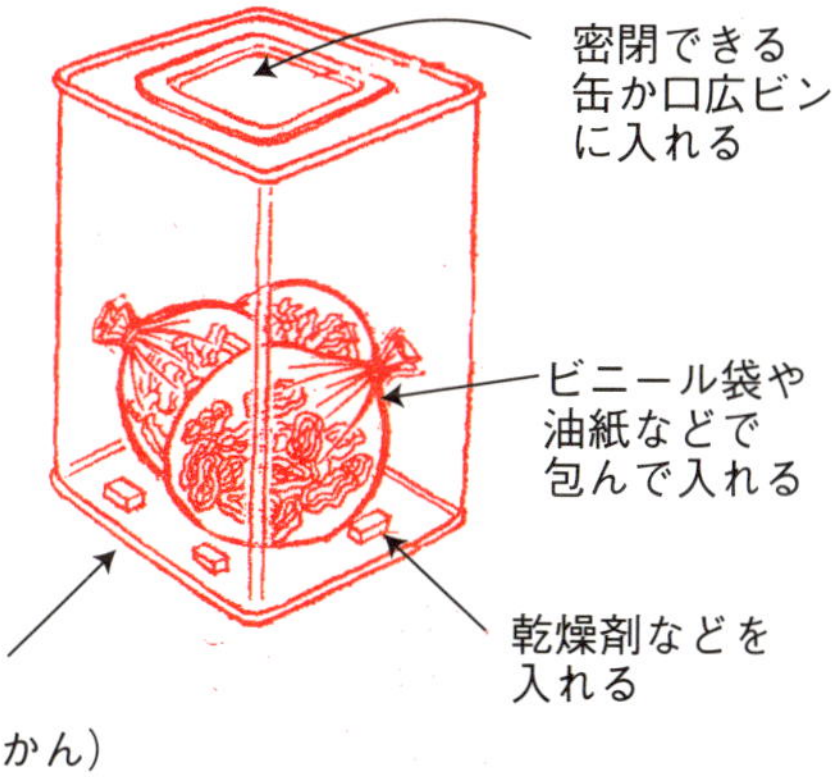
密閉できる
缶か口広ビン
に入れる
ビニール袋や
油紙などで
包んで入れる
乾燥剤などを
入れる
一斗缶
(いっとかん)

切り方のコツ

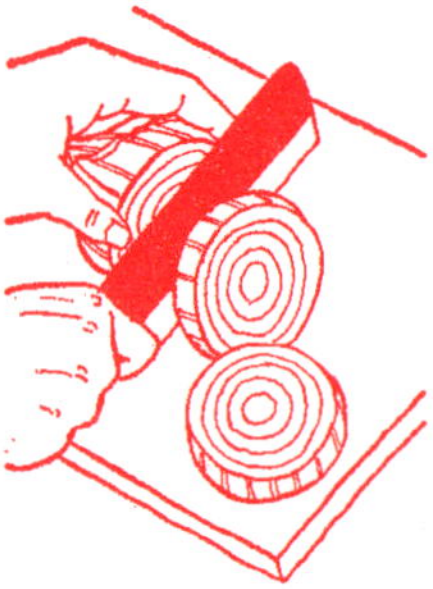

薄く幅広く、同じ形、
厚み、太さに切る

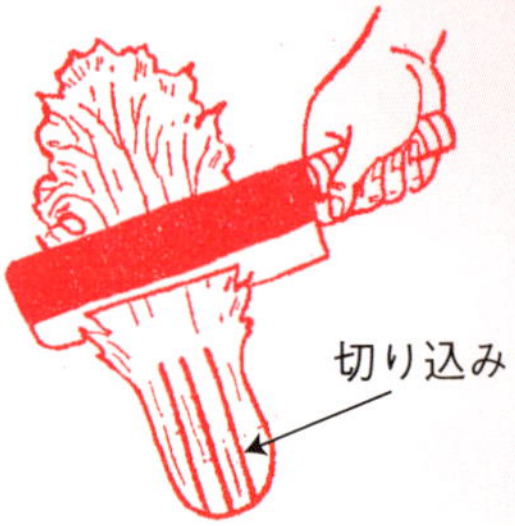
切り込み

葉菜類は葉と根の
部分を分け、
切り込みを入れる

おいしくするためのコツ

①熱湯をくぐらせ
　冷水ですぐに
　冷やす
②よく実った新鮮なもの
　を使う
③冷水でよく洗う
④根菜類は表面の皮をむく
⑤アクのあるものは
　アク抜きする

葉菜類
　葉の部分 15〜30 秒
　根の部分 60〜100 秒
根菜類　2〜3 分

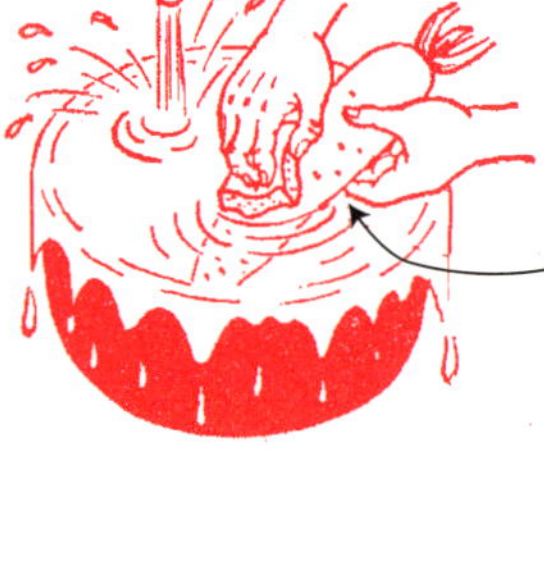
土砂などを洗い流す

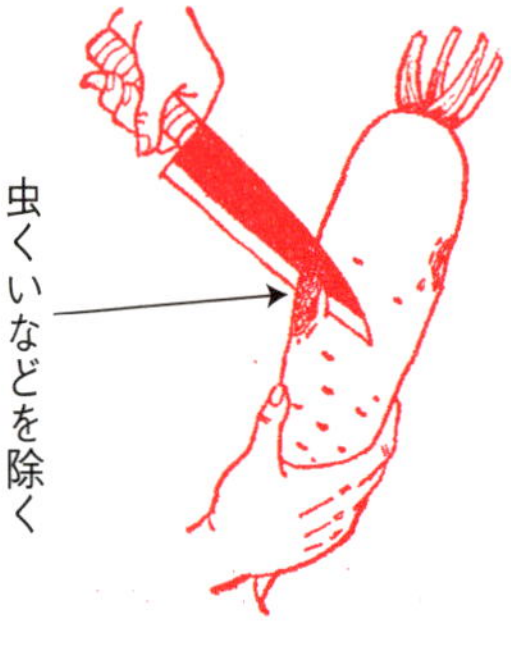
虫くいなどを除く

切り干しダイコン

切り干しダイコンは、肉質が軟らかくて甘味があり、干し上がりが白くなります。「宮重ダイコン」「練馬ダイコン」などの品種がよい。

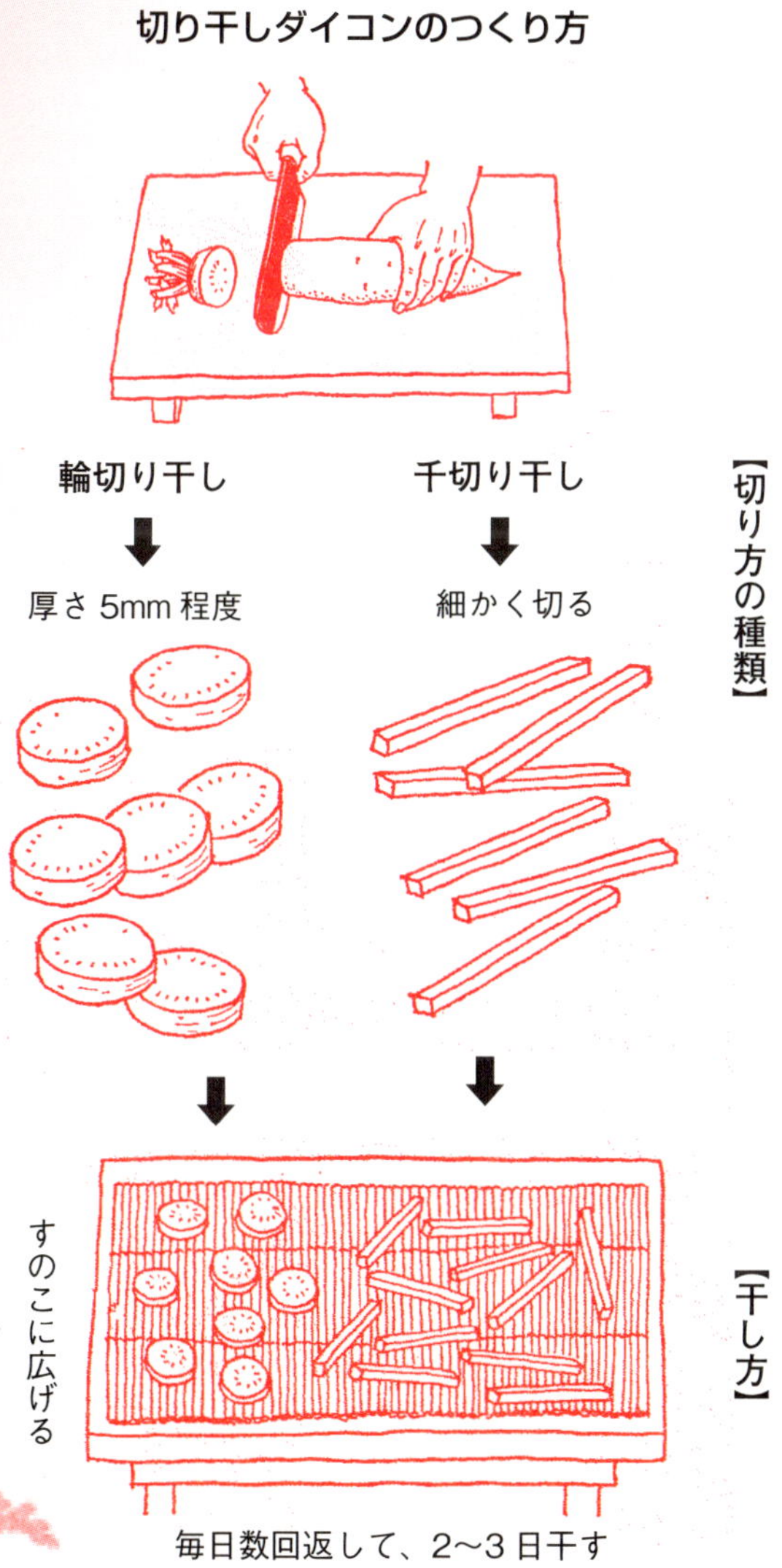
切り干しダイコンのつくり方
【切り方の種類】
輪切り干し
厚さ 5mm 程度
千切り干し
細かく切る
【干し方】
すのこに広げる
毎日数回返して、2～3日干す

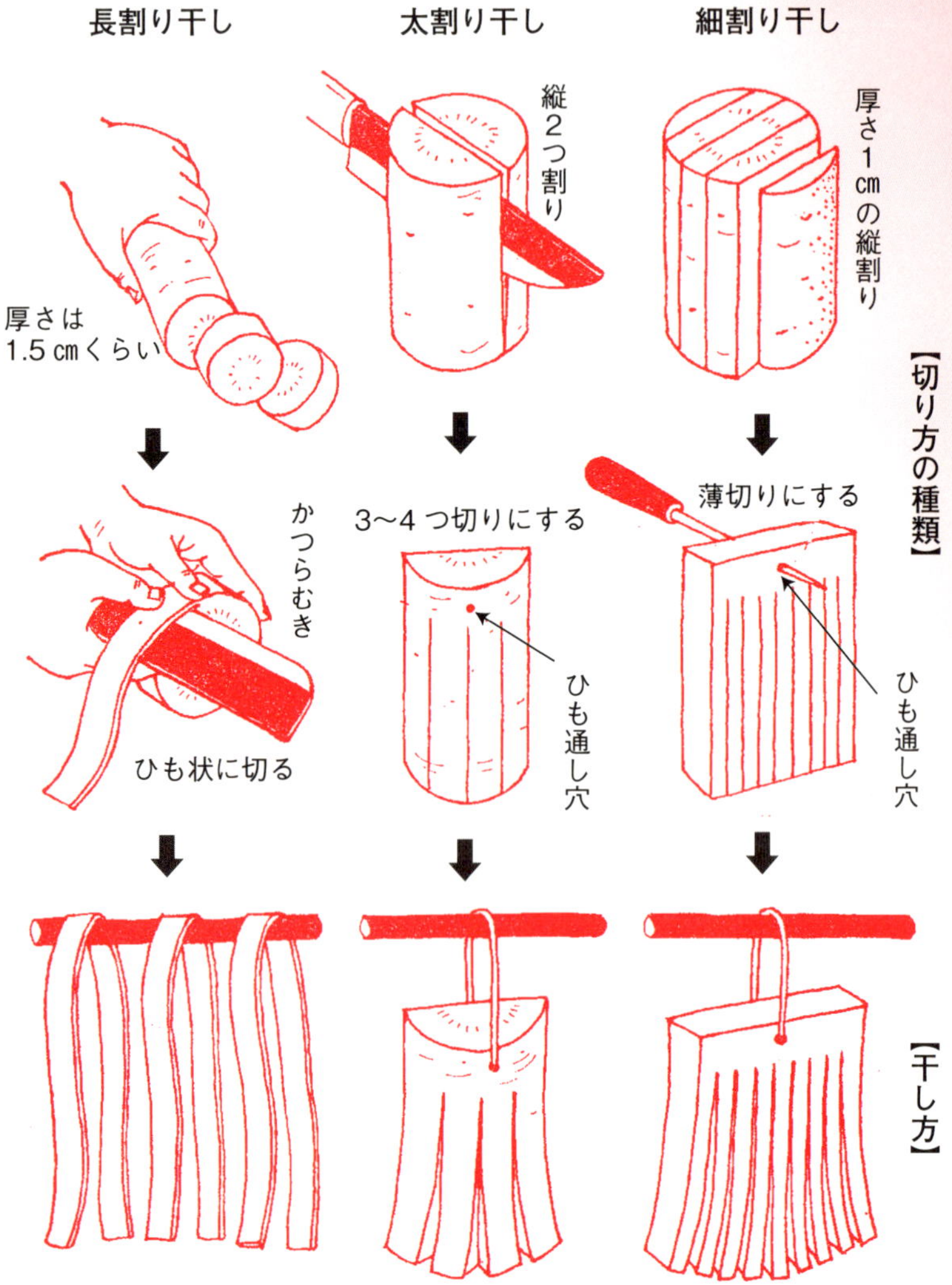
長割り干し
太割り干し
細割り干し
厚さは
1.5㎝くらい
縦2つ割り
厚さ1㎝の縦割り
【切り方の種類】
かつらむき
ひも状に切る
3〜4つ切りにする
ひも通し穴
薄切りにする
ひも通し穴
【干し方】

風通しの良い場所で3〜5日間、天日干しする

干しホウレンソウ（葉菜類）

ホウレンソウなどの葉菜類は根を切り、枯れ葉などを除いた後、水洗いし、株元に包丁を入れて2～3株に分けます。

湯通しは必ず行ない、3～4日間つり下げて乾燥します。乾燥しすぎるとぽろぽろと砕けてしまうので、手頃なところで乾燥を止めます。キャベツは2～3㎝の幅に切って、ダイコンの葉は中心部の芯を除いて同じように行ないます。

サツマイモの蒸し切り干し

蒸したサツマイモを乾燥したもので、甘味もあり飴色でおいしいものです。そのままでも食べられるし、焼いたり軽く蒸して食べるとお菓子としても用いられます。

よく成熟した大型のサツマイモを十分に蒸した後、約30分間蒸らします。熱いうちに表皮をむきます。約5～6時間中心部まで冷えた後、包丁で縦に厚さ6～7ミリに切り干します。

1日目は陰干しで、2日目は天日にさらして干し、3～4日間は陰干しします。べっ甲色になり折り曲げても折れないようになったら室内に入れ、新聞紙の上に広げて、上から布切れなどで覆いをして5～6日間置いておきます。さらに2～3日間陰干しして、再び室内に入れて15日間ぐらい貯蔵しておくと表面に白い粉がふいてきます。

そのまま密閉して貯蔵します。

山菜類の保存法と利用

旬なうちに乾燥・塩漬け・水煮する

春は山菜の季節です。初春の道端や山野には、野草が新芽を一斉に萌えだし、私たちに春の訪れと力強い野草の生命力を感じさせてくれます。その山菜類の新芽を摘み、食べる。私たちが忘れかけた素朴な野生の風味を食卓の中に加えてみませんか。少し山野に入れば、まだまだ探せば多くの山菜を見つけることはできます。

山菜類の主なものをあげると、次のように様々なものがあります。

・ワラビ・ゼンマイ・ウド・セリ・ミヅナ・タラの芽・フキ・ノビル・ヨメナ

・シオデ・ツクシ・クサソテツ

山菜類は旬を逃すとなかなか手に入れにくいため、季節には必ず採取しておくことです。そして、山菜の食味は新鮮さと若芽の風味にあるので、その鮮度を落とさずに保存しておくことが必要です。

山菜類の保存法には次のような方法がありますが、最も手軽に保存できるのは、乾燥と塩漬け、水煮の方法です。

山菜・野菜類の貯蔵の方法

貯蔵の方法	主に利用される山菜・野菜類の種類
水煮貯蔵（ビン詰め加工）	フキ、ワラビ、ゼンマイ、ツクシ、クサソテツ、タケノコ、キノコ類、ギンナン、ソラ豆など
塩漬貯蔵	ワラビ、ゼンマイ、フキ、サンショウの実・葉、シソの実・葉、ツクシなど
乾燥貯蔵	ほとんどの山菜、タケノコ、キノコ、野菜類、果実類、イモ類
砂糖漬貯蔵（シロップ加工）	フキ、ユリの根、果実類、種実類

アクの抜き方がポイント

山菜類はいずれの加工法でも、山菜の持つ特性、繊維が硬くて、色素が強く、アクがあり、そのままでは食用に適さないことがあるため、それらを上手に加工して利用することが、山菜類を美味しく貯蔵するポイントとなります。

山菜類の加工では、まずアクを抜くこと、色を落とさず風味を保たせる方法をとることです。

その方法は次ページで図示します。

このような前処理をして、それぞれの加工貯蔵をします。

山菜類は単に季節の風味を楽しむだけでなく、食生活上、健康のためにも役立つ食品として、ぜひ食卓に加えていただきたいものです。

山菜類の処理法

おいしく風味を保つ方法

手で束ねて
折る
繊維が硬いので
軟らかくする。
新芽や採取してきた
ものをすぐに加工する

手のひらで
強くもむ
萎れてきたら
繊維を切る

色つきを良くする方法

重そう水(重炭酸ソーダ)
でゆでる

重そう
繊維の硬いワラビ、
ゼンマイなど

0.2〜0.3%の重そう水で
2〜3 分過熱した後、
冷水に浸けて冷やす

アク汁のつくり方

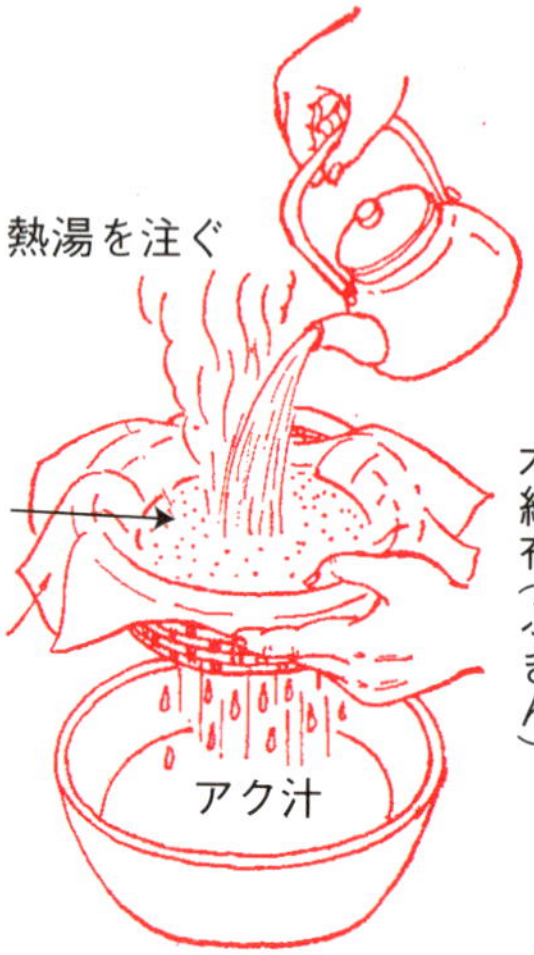
熱湯を注ぐ
木灰か
ワラ灰
木綿布(ふきん)
アク汁

アクの抜き方

①熱湯をくぐらせて抜く方法

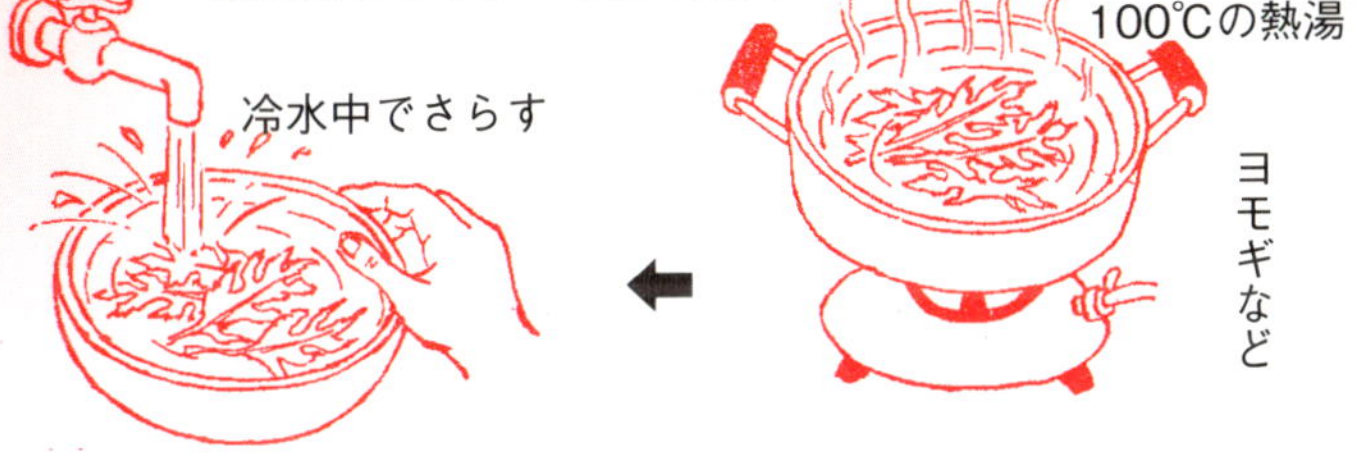
100℃の熱湯
ヨモギなど
冷水中でさらす

②米のとぎ汁や米ぬか汁で抜く方法

米のとぎ汁
フキ、ゼンマイなど
さっとゆでて火を止める
ゆで汁が冷めるまで
約１時間おく
きれいに水洗い

③アク汁（木灰汁）で抜く方法

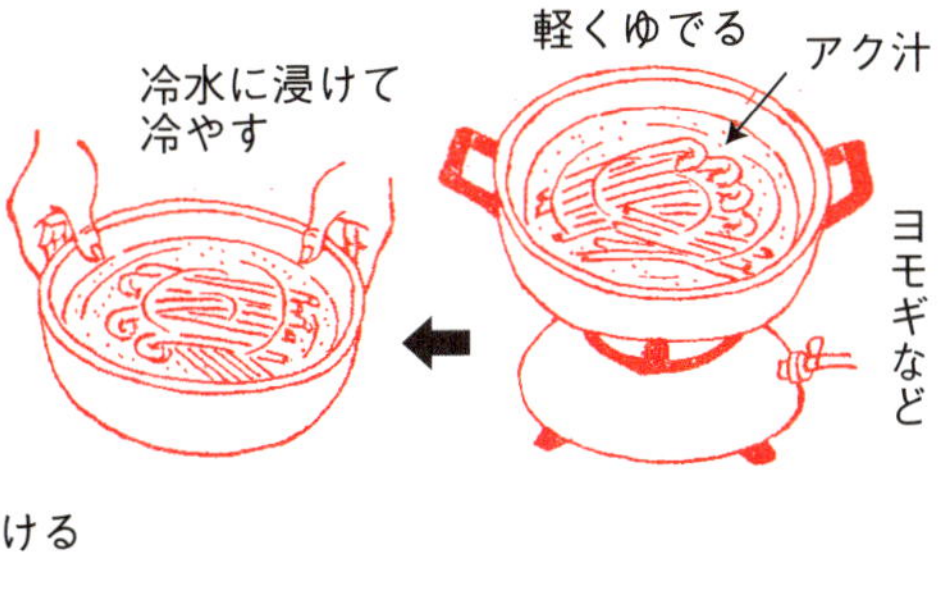
軽くゆでる
アク汁
ヨモギなど
冷水に浸けて
冷やす

（別法）

熱湯
山菜
木灰を
ふりかける
材料が浸るまで
冷えるまでおく

タケノコの水煮保存法

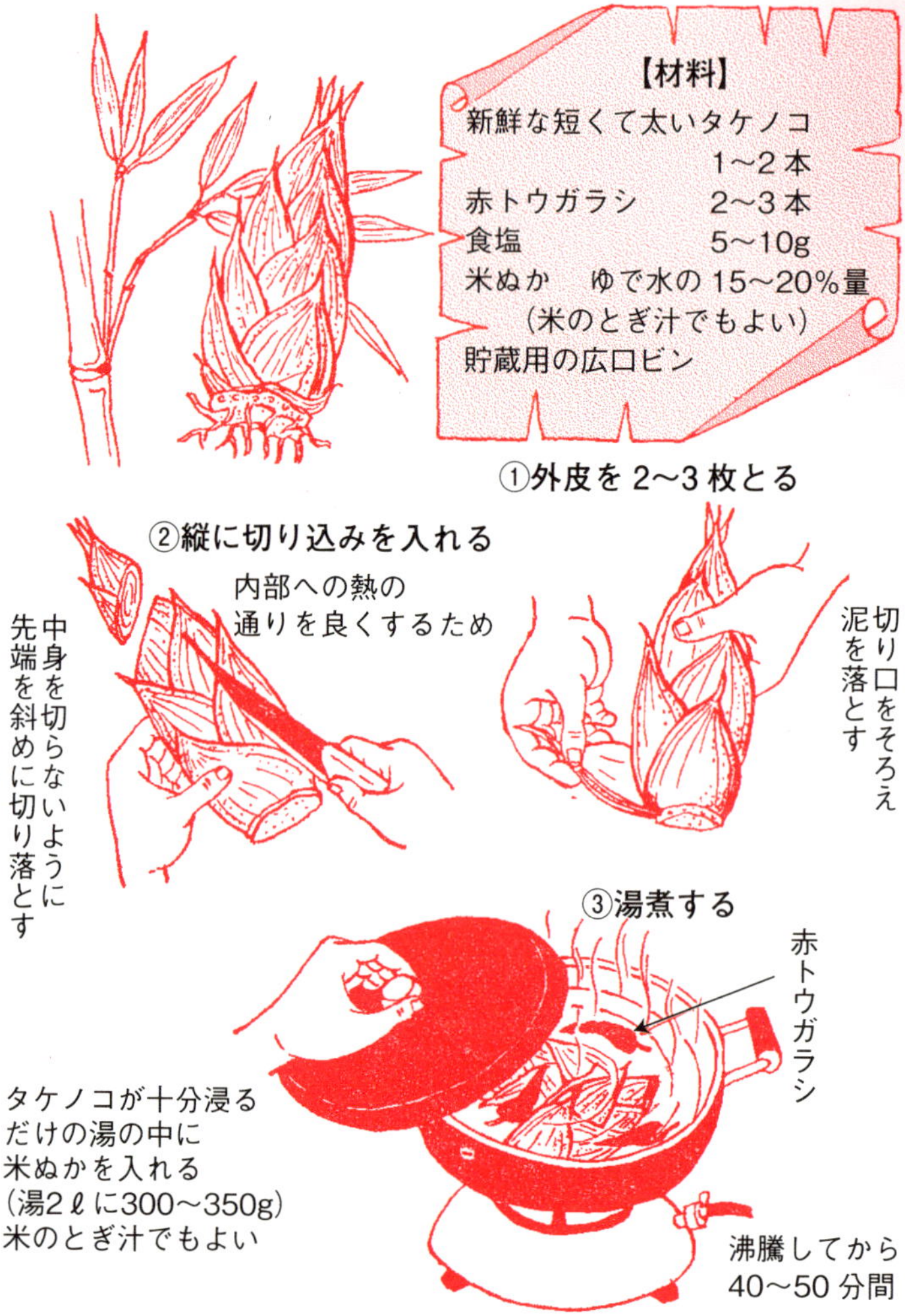
【材料】
新鮮な短くて太いタケノコ
1～2 本
赤トウガラシ　2～3 本
食塩　5～10g
米ぬか　ゆで水の 15～20％量
（米のとぎ汁でもよい）
貯蔵用の広口ビン
①外皮を 2～3 枚とる
切り口をそろえ泥を落とす
②縦に切り込みを入れる
内部への熱の通りを良くするため
中身を切らないように先端を斜めに切り落とす

③湯煮する
赤トウガラシ
タケノコが十分浸るだけの湯の中に米ぬかを入れる
（湯2ℓに300～350g）
米のとぎ汁でもよい
沸騰してから40～50 分間

④荒皮をむく

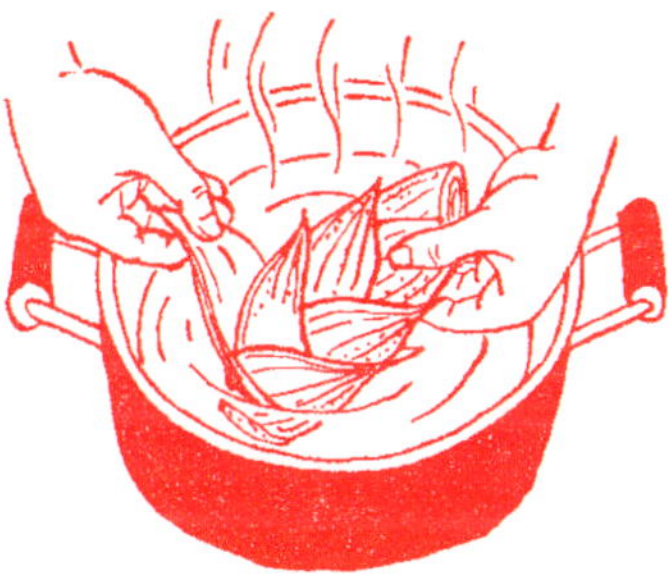

ゆで汁の中に漬けたまま
荒皮を全部むく

⑤冷やす

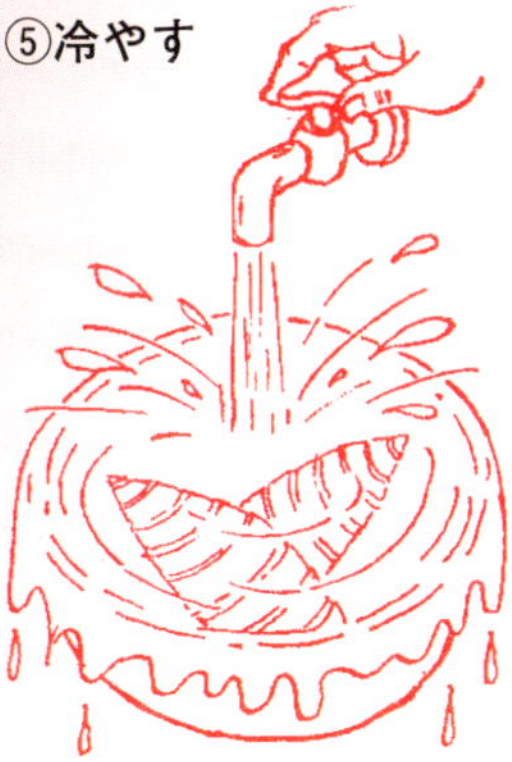

流水中で中心部まで完全に
冷却するまで冷やす（約1時間）

⑥ビンに詰める

貯蔵用のビンはねじぶたか密閉できる
広口ビンを使い、殺菌しておく

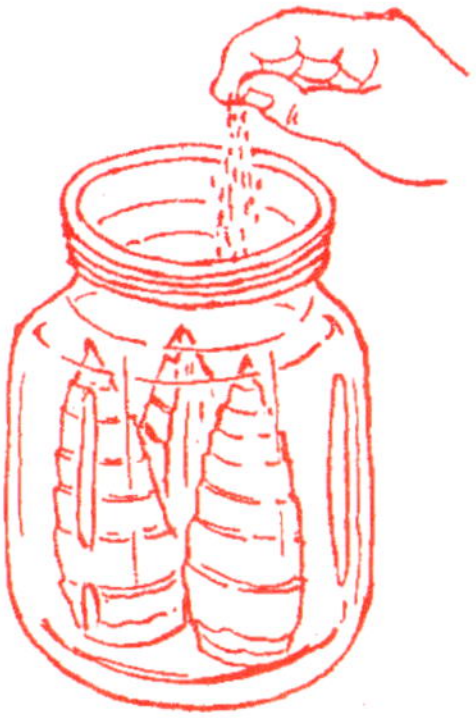

タケノコはビンの大きさに合わせて
2〜4割にして入れる。割らずに入れば
そのほうがよい。
漬け汁はタケノコが十分浸る量の熱湯
に食塩を5〜10g入れる。

⑦脱気と密閉

軽くふたをしてビンを熱湯の中で
30〜40分くらい加熱する
加熱後、ふたをきつく閉めて外に
出して冷やす

⑧保存

冷暗所に保存する。
ふたを開けない限り、長期間の
貯蔵ができる。
水が白くにごっても気にしな
くてもよい。

ひと世代前の田舎の風景

——味噌仕込みのころ

彼岸がすぎ、味噌仕込みのころになると、母と一緒に田舎の家へ手伝いに出かけるのが待ち遠しいものでした。

ひと晩水につけた大豆を、大きな鉄ガマでじっくりと煮あげるときのこうばしい甘みのある香味は、オヤツの少ないころの私たちには、かっこうの食べものでした。大ザルにあけられた煮ダイズを両手いっぱいにつかみ、腹いっぱいに食べた豆のおいしさは忘れることができません。

つい最近まで、田舎では大かたの家で一年分の味噌・しょうゆをわが家で仕込んだものです。私の知人は今でも故郷から手づくりの味噌を取り寄せて食べていますが、「私の育った味噌ですもの」という彼女の言葉には、故郷の味をなつかしむ心とともに「田舎味噌」に寄せる深い愛着を感じさせられます。

味噌・しょうゆづくりは、農家の人たちにとっては大事な年中行事であり、親が娘や孫にわが家の味づくりの秘伝を教える場でもありました。「味噌汁の歌」がヒットしたように（千昌夫・昭和55年）、生活と結びついた思い出いっぱいの味噌・しょうゆづくり、その土地でとれた材料を巧みに使い、気候・風土に合ったつくり方で、独得の風味を生み出す技法は、なつかしい思い出とともに受け継がれていかなければならないものと思っています。「食べることはつくること」——この心がけが忘れられようとしている今日、せめて昔ながらの手づくりの方法を考えてみたいものです。

3章
毎日食べても飽きない
「漬けもの」づくり

漬けものをおいしく漬けるコツ

どんな漬けものをつくるか

おいしい漬けものとは

漬けものの風味は、漬けた材料の持つ香り高い風味と手頃な歯ざわり、それに鮮やかな色調にありますが、これこそが日本人がつくり上げた〝日本の漬けものの味〟です。
これらの味は、その土地で収穫された材料を使い、その持ち味を生かしながら、その土地の気候・風土に合った漬け方によってのみ生み出されるものです。どんなにおいしく漬かった漬けものでも、一度その土地を離れてしまえば、その独特の風味がまったく失われてしまうとさえ言われます。

寒い信州の高原で食べた〝野沢菜漬け〟の風味を、東京で味わおうと思っても、それは不可能なことを私は経験しています。

ですから、その土地で生まれ育ち、長い間生活してきた〝おばあちゃん〟は自然にその技を身につけ、どんな材料を、いつごろ、どのように漬ければおいしい漬けものができるかを知っているのです。

そこで私たちは、漬け方の基本をしっかりと身につけ、漬け材料の適否の見分け方、漬ける時期の決め方、その時期に合った材料別の漬け方を知って、少しでも〝おばあちゃんの味〟に近づくようにしたいものです。

漬けものにはどんな種類があるか

日本には種類の違った多くの漬けものがあります。漬け方の種類や段階で呼び分ける場合や、それぞれの種類や段階で地域によっては独自の呼び方があったりします。

これらの漬けものの種類は次のような特徴から分けられます。

①漬ける材料（原料）の種類別＝葉菜漬け、根菜漬け、果実漬け、山菜漬け、桜花漬けなど。
②材料（原料）の形態別＝原形または原形に近い漬けものとして、たくあん漬け、ラッキョウ漬け、奈良漬けなど。原形をとどめない刻み漬けの類で、福神漬け、山海漬け、ワサビ漬け、シバ漬けなど。
③調味料の種類や状態別＝種類として、塩漬け、ぬか漬け、味噌漬け、しょうゆ漬

けなどと、状態では、液状調味料漬け、粘度の高い調味料漬けがある。
④味覚の点から＝辛口な漬けものとして、たくあん、味噌漬けなど、甘口な漬けものとして、こうじ漬け、べったら漬けなど、酸味のある漬けものとして、酢漬け、ピックルス漬け、梅漬けなど、香辛料の効いた漬けものとして、カラシ漬け、ワサビ漬けなど。
⑤発酵の有無による種類別＝漬け期間中に発酵をうける漬けもので、たくあん、ぬか味噌漬けなど、長期間漬ける塩漬け、すぐき、シバ漬けなど、発酵をそれほどうけないものとして奈良漬け、しょうゆ漬け、味噌漬け、酢漬けなど。
⑥貯蔵期間（漬け込み期間）別＝数時間から１～２日間で漬けあがる即席漬け、一夜漬け、早漬けなど、２～３日間から１週間くらいでできる当座漬け、１ヵ月以上３～４年漬ける保存漬けなど。

以上のように、種類分けは多種多様になっていますが、もっとも私たちが実用的で日常使用している種類分けは、③の副原料すなわち漬け床や調味材料別に分類する方法です。

本書でも主にこの方法で種類分けして説明を進めていきたいと思います。

漬けものの種類と主な材料

種類	主な材料	応用
塩漬け	野菜・果実・山菜類 魚・肉類	下漬け、一夜漬け（即席漬け） 発酵漬け
ぬか漬け	根菜類、葉菜類など	たくあん漬け、ぬか味噌漬け ぬか漬け
味噌漬け	根菜類、山菜類、肉類など	印ろう味噌漬け 調味味噌漬け
しょうゆ漬け	根菜類、山菜類、果菜類 肉類など	福神漬け、割干漬け もろみ漬け
こうじ漬け	根菜類、果菜類 魚・肉類など	べったら漬け、三五八漬け
粕漬け	果実類、果菜類 魚・肉類など	奈良漬け、山海漬け、粕漬け
酢漬け	根菜類、果菜類 山菜類など	ピクルス漬け、梅酢漬け 調味酢漬け
カラシ漬け	各種野菜類など	
砂糖漬け （シロップ漬け）	果実類	砂糖煮漬け、シロップ漬け
その他	果実類など	果実酒

漬け方による呼び方

呼び方	内容
即席漬け	食塩を軽くまぶしたり、調味料の中に短時間漬けて食べる漬けもののことを言います。地域によっては『浅漬け』『一夜漬け』とも言われますが、一般に 2～3 時間から一昼夜漬け込んだものを指します。そのほかに材料をそのまま何の手もかけずに原型のまま漬ける場合を『即席漬け』と言うこともあります。
当座漬け	1ヵ月くらい漬けて食べるものを一般にこの呼び名で言いますが、期間では 1 週間から 2～3ヵ月漬けるものまでを言う場合もあります。地域によっては『ふだん漬け』とも言われます。
保存漬け	漬け材料を長期間保存するために漬けたものを言います。しかし漬けものの中には保存漬けではなくとも 2～3 年間漬けておくものもありますが、この場合は保存漬けとは言いません。 漬けものが腐敗しないよう、また中身が変質しないように工夫された漬けもので、ビン詰め漬けものなどは代表的なものでしょう。
下漬け	漬けものの材料をあらかじめ塩漬けなどにしておき、材料の余分な水分を除いたり、保存漬けにしておくことを言います。調味料漬けの材料のほとんどは下漬けします。
中漬け	中漬けは、下漬けした材料を本漬けする前に漬け床の風味が早く浸透するよう、また下漬けした材料を本漬けに慣らすためにあらかじめ前処理するための漬け方のことで、奈良漬けなどで行なわれます。
本漬け	本漬けは、それぞれの目的とする漬け方のことです。

漬ける漬け床の状態や副材料・添加物などによる呼び方

呼び方	内容
調味漬け	調味した漬け床に漬ける場合、その本体となる調味料の名称で呼ばれたり、各材料が同じ量で主体となるべきものがない場合は、単に調味漬けと呼んでいます。
香味漬け	香味漬けは、香辛料や薬味、香りの高い果物などを一緒に漬け込み、その香味を楽しむ場合に使われます。
発酵漬け	発酵漬けは、漬けものそのものを大部分発酵熟成させたものですが、特に塩分を押さえて乳酸発酵させ酸味をつけたり、またこうじ菌などの微生物を作用させて、漬けものに独特の風味や歯ざわりなどをつけたものを言います。

日本各地の名産漬けもの

＜塩漬け類＞

※県名はその周辺地域も含みます

名　称	県　名	主な特徴
マタタビ漬け	新潟県	マタタビの青い実を塩漬けにしたもの。特異な風味がある。
杏仁子の塩漬け	新潟・長野県	桜の一種のウワミズザクラの花のつぼみを塩漬けにしたもの。
野沢菜漬け	長野県	野沢菜をベッコウ色に漬けた塩漬け。単純な塩漬けのほか、塩・化学調味料・信州上味噌・柿の皮等で漬け込むこともある。
品漬け	岐阜県	赤カブといろいろな野菜を塩漬けにしたもの。品漬けの準備には半年かかる。夏に用意した塩漬けの野菜や秋のキノコ類の塩漬けと赤カブが出始める11月頃に一緒に漬け込む。
カブラの長漬け	岐阜県	カブラの古漬け。カブは葉をつけたまま多量の塩と重い重石で漬け込むため長期保存が可能。乳酸発酵により酸味がある。
しば漬け	京都府	ナス・ショウガ・トウガラシなどを赤ジソの葉とともに薄塩に漬け込んだもので、酸味がある。
スグキ漬け	京都府	洛北で産するカブの一種スグキを塩漬けにしたもの。酸味がある。下漬けにしたスグキをさらに塩で本漬けし、天秤で重石をかけ寒さにあてる。出荷前に40℃くらいの室で発酵させる。
菜の花漬け	京都府	菜の花のつぼみを塩漬けにしたもの。
山口たくあんの寒漬け	山口県	塩漬けにしたダイコンを乾燥させ、カメなどに密封し発酵させたもの。1ヵ月ほど塩漬けにしたら取り出し、寒風にさらし、木づちでたたく。繰り返し干してたたき、春にカメなどに漬け込む。下記の鹿児島山川漬けに似ている。
山川漬け（つぼ漬け）	鹿児島県	ダイコンをよく乾燥させ、オケやツボに密封し発酵させた独特の風味のある漬けもの。1ヵ月ほど寒風にさらし海水に浸けて臼でついて軟らかくし、塩でもみ、漬け込んで3ヵ月密閉しておく。

＜ぬか漬け類＞

名　称	県　名	主な特徴
ニシンのぬか漬け	北海道	ニシンを生のままぬか漬けにしたもの。ニシンは内臓をとって塩で身をしめた後、ぬか漬けにする。
いぶりたくあん	秋田県	ダイコンの乾燥にたき火を使った東北地方の名残りを留めた煙いぶしのダイコンを使って漬けた、たくあん漬けの一種。現在は普通乾燥したダイコンを業者がいぶして漬けている。
ぬか漬けイワシ	石川県	新鮮なイワシを頭と内臓をとってぬか漬けにしたもの。イワシは塩で下漬けし、ぬか・こうじ・赤トウガラシで本漬けする。

名　称	県　名	主な特徴
七尾たくあん	静岡県	ひと夏を越したひねたくあんで、独特の味を持っている。暖かい海の風で十分に干し上げたダイコンをかなり重い重石をかけて漬け込む。
伊勢たくあん	三重県	この地方に産する優れたダイコンをほどよく干し上げ漬け込んだたくあん。
日野菜漬け	滋賀県	日野菜はカブの一種。根本が薄紅色の美しい色と香りの漬けもの。塩で下漬けしたものを甘味料と塩で調味した米ぬかに本漬けし、このとき鮮やかな色を出すために酢を使う。
津田のカブ漬け	島根県	曲玉状に曲がった赤カブで、太陽に当たった部分が赤紫色をしている。このカブをぬか漬けしたもの。

＜こうじ漬け類＞

名　称	県　名	主な特徴
ニシンのこうじ漬け	北海道	からからに干した身欠きニシンを十分に水戻しして、ダイコン、ニンジンなどの野菜類とトウガラシ、ショウガなどとともに、こうじと食塩を合わせた漬け床に漬け込んだもの。
ハタハタ漬け	秋田県	秋田名産のハタハタの保存漬け。頭や内臓・骨などをとったハタハタを食塩漬けにして身をしめたものをタルにダイコン、ニンジンの薄切りと米飯、米こうじを混ぜ合わせたものとを交互に入れながら漬け込み重石をしておき一冬保存できる。
なた漬け	秋田県	ダイコンをぶっかくように粗切りしたものを、こうじと食塩だけで漬けたもの。こうじ漬けの代表と言えるもの。
ナスの三升漬け	岩手県	岩手県名産のナスを米飯、米こうじ、食塩を一升ずつ混ぜ合わせて漬け床をつくり、その中に干したナスを漬けることから、「三升漬け」の名が出てきた。
三五八漬け	福島県	食塩・米こうじ・蒸し米を三・五・八の割合で漬け床をつくることからこう呼ばれる。漬け床は年間を通して使え、日々季節の野菜を丸ごと漬け、1～2日で食べられるようになる。
かぶら寿し	石川県	加賀地方の冬の郷土料理。カブと塩魚（ブリ・サバ・サケ・ニシンなど）を混ぜ合わせ、こうじの発酵によってうま味を出す。10℃以下が適温と言われる。
広島菜漬け	広島県	漬けもの用菜類の代表的な広島菜を下漬けにして、こうじ、食塩、細切りコンブと一緒に漬け込んだもの。10日で漬けあがる。1ヵ月以上漬けるとベッコウ色になり、独特の風味が出てくる。

＜味噌漬け類＞

名　称	県　名	主な特徴
クルミの味噌漬け	秋田県	塩漬けにしたクルミを味噌の中に2年間漬けたもので、香味のよい漬けもの。
金婚漬け	岩手県	若ウリの芯に種々の野菜を詰め、味噌に漬け込んだもの。ウリは種のところをくりぬき、ニンジン、ナス、ショウガ、ミョウガ、シソの実などを細かく切り、しょうゆとみりんで軽く煮て、下漬けしたウリに詰めて味噌床に漬ける。
越後の味噌漬け	新潟県	新潟名産の味噌『越後味噌』にナス、キュウリ、ダイコン、ミョウガ、ショウガなどの野菜類を2〜3日間塩漬けにした後、陰干しして漬け込んだもの。
まんじゅう漬け	福井県	小さいウリの中にシソを詰めて味噌漬けしたもの。
山ゴボウの味噌漬け	長野県 愛知県	鬼アザミの根を味噌漬けにしたもので歯切れがよい。野生のモリアザミを品種改良した根を赤味噌に漬ける。
山菜漬け	岐阜県	飛騨の山でとれる山菜類を塩漬けにした後、味噌漬けにしたもの。山ゴボウ、ワラビ、ゼンマイ、ヒメタケなどを用いる。
キクゴボウ漬け	岐阜県	アザミの一種の根を味噌漬けにしたもので香りがよい。アクが強いので十分アク抜きをする必要がある。
養肝漬け	三重県	シロウリの芯を抜き、ショウガ、シソの実などを詰め、味噌に漬けたもの。
サンショウの味噌漬け	京都府	サンショウの実を味噌漬けしたもの。福知山地方の名産。
神戸牛肉の味噌漬け	兵庫県	神戸牛の肉を調味味噌に漬けたもので、高価な肉の味噌漬け。同様のものが三重県松阪牛の肉漬けにある。
マナガツオの味噌漬け	高知県	マナガツオの切り身を白味噌とみりんで調理した漬け床に2〜3日間漬けたもの。
とうふの味噌漬け	熊本県	豆腐の水気をとり乾燥させたものをみりん、トウガラシなどで調味した味噌床に漬け込んだもの。味噌の香りが浸み込んで風味のよい漬けもの。平家の落人がとうふの保存に用いた方法であると言われる。
カツオ節の味噌漬け	鹿児島県	カツオ節の生乾きのものを調味味噌に漬けたもの。酒の肴などに使われる。

<しょうゆ漬け類>

名称	県名	主な特徴
松前漬け	北海道	コンブ、スルメ、ダイコン、カブ、カズノコなどをしょうゆとみりんで漬け込んだもの。
サケの紅葉漬け	岩手県	サケをイクラとともに、しょうゆとみりんに漬け込んだもの。
おみ漬け	山形県	青菜、ダイコンの葉、タカナなどを塩、しょうゆ、酒、砂糖で漬けたもの。葉菜類は3～4日干し、みじん切りし、塩でよくもんだ後、調味液に重石をかけて漬け込む。
ニシンのサンショウ漬け	福島県	身欠きニシンをサンショウの若葉とともに漬け込んだもの。サンショウの香りと調味料が浸み込んで軟らかい。身欠きニシンは水に戻し、サンショウと酢、しょうゆ、酒の液に重石をして4～5日漬け込む。
あっぱれ漬け	福島県	たくあん、ナス、キュウリ、シソの実の塩漬けなどを小さく刻み、赤ザラメとしょうゆに細切りコンブを加えて煮立てた液をかけ、重石する。
雷漬け	群馬県	特産の小ナスをもろみで漬けたもの。
三保漬け	埼玉県	福神漬けに似た風味がある。種々の野菜を取り合わせ、塩漬けした後、しょうゆ、砂糖、みりん、酢などで漬ける。
ワラビのもろみ漬け	山梨県	ワラビをもろみに漬けたもの。
タイのベッコウ漬け	富山県	タイとコンブをしょうゆ、酒、みりんの液に漬け込んだもので、ベッコウ色に仕上がる。

漬けものの効用

私たちが日常的に食べている漬けもの、おばあちゃんが何気なくつくっている漬けものには、実は日本人の食生活のバランスを考えた効用が含まれています。

原料の野菜類や果実類は一般にカロリーも低く、たんぱく質や脂肪などはほとんど含まれていません。そのため漬けものとした場合も同様で、栄養的には価値は低い食品です。

ただ、ぬか味噌漬けなどでは、漬け床のぬかのビタミンB1、B2などが材料に浸み込み、ビタミンの供給源として効果があり、また無機質として食塩（ナトリウム）の供給に役立っています。

漬けものの食品としての価値をあげると、およそ次のようになります。

①無機塩類の供給源として、またアルカリ性食品として、米食を主食とする日本人には重要な食品です。
②ぬか漬けや粕漬けなどは、ビタミンの供給源として役立っています。
③材料の野菜類の繊維成分は、便通を良くし消化に役立っています。
④漬けものの発酵作用で生成された乳酸菌は、腸内の異常発酵を押さえるなどの整腸作用があります。
⑤漬けもの特有の香味が味覚を刺激して食欲を増進させます。

材料選びのコツ

これまで見てきたように、漬けものには様々な種類があり、漬け方も千差万別で、これがおいしい漬け方というものは、その材料、地域、風土、季節、そして何と言っても漬ける人によって異なってきます。

しかし、漬け方の基礎となることはいろいろと共通していて、それをしっかりと覚えておけば、様々に応用ができるようになります。

ここでは、一般的な漬けものに共通したコツをあげていきましょう。

漬けものに使用する材料には、漬けものになる主材料と漬け床などに使用する副材料とがあります。

そこでこれらの材料を選ぶことが大切なポイントになります。

漬ける材料は新鮮で適熟のものを選ぶ

漬ける材料は、新鮮で病害虫などの傷みのない適熟のものを選びます。未熟のものや過熟のものは、表皮が硬いかまたは軟らかく、着色不十分か色があせているか、肉質も硬いか軟らかいか。また種子なども小さすぎたり大きかったり、歯ざわりも良くありません。

そのためにも、漬けものに最も適した時期に収穫されたものを選ぶ必要があるわけです。また野菜類には漬けもの用に適した品種がありますので、品種を選ぶことも大切なことです。

形や大きさなどが揃っていなくても漬けものの品質には関係ありませんが、生育した条件は同じものを選ぶことが必要です。これは漬けたときに含有成分の微妙な違いや熟期などの差が漬けものにしたとき品質の差となって現れてくるからです。

魚類や肉類は野菜類と同様に新鮮なもので清潔に取り扱われたものを使用します。臭みや血液を取り除くために、軽くふり塩をして1日重石を乗せておくなどの前処理をよく行なうことも大切です。肉厚のあるものは薄くスライスして風味がよく浸み込むようにすることも必要です。

洗浄を完全にして汚物を取り除く

漬ける材料はよく水洗いして、付着した土砂や汚物などは完全に洗い落とします。水洗いのとき洗剤は使わないようにします。洗剤が残っていると、漬け液を汚染して風味を落とします。また農薬の害も言われますが、果実類などで農薬の付着の心配があるもの、またワックス処理などしてあるものは表面を削りとるか皮をむいてから使用しましょう。

洗浄を完全に行なうことは、腐敗の元となる雑菌の除去にも役立ちます。水洗いしたものは、干して漬けないものでも、1日くらい日陰干しして水気をよく切ってから漬けるようにします。

副材料は品質を吟味する

副材料に使用されるものには、米ぬかや酒粕・こうじ・各種調味料・香辛料などがありますが、これらはいずれも漬けものの発酵や調味付け・香味付けに使われるものですから、適度に熟成され、そのものの特色を十分に備えているものを使います。米ぬかや酒粕・こうじなどは新鮮で異臭や変色などのない品質のよいものを選ぶことが大切です。

乾燥（干し方）のコツ

ただ〝水分を抜く〟と言っても簡単ではない

当座漬けや保存漬けの場合、野菜や山菜類は乾燥（干す）させてから漬けます。特に、たくあん漬けの場合はダイコンの干し方の優劣によって品質が決まるとまで言われます。

乾燥は脱水が主な理由ですが、水分を抜くということは非常に困難なことで、重量は半分になっても水分含量は10～15％しか減っていない場合が多いものです。その意味では乾燥は水分を抜くというよりも、材料に弾力性をつけ、しなやかさを与え、そして重量を減らすという目的のほうが大きいと言えましょう。

そのことで漬けやすくなり、また適度の歯ざわりが乾燥で生ずることになります。

干し方には、材料によっていろいろな方法がありますが、日当たりの良い場所で、風通しの良いところに、〝掛け干し〟する方法が最も早く乾燥を終わらせることができます。

また、夜露にうたせて良いもの（ダイコンなど）と夜間は取り入れたほうが良いもの（果実や果菜類）があります。しかし、雨に当てたり凍らせたり、ゴミやチリなどの付着や霜に当てたりしないように注意する必要があります。

乾燥の程度の判断は、漬けものの種類や漬ける地域の気候・風土、漬ける時期によって異なりますので、乾燥に要する日数や乾燥の程度をひとつひとつあげることはできませんが、およその目安をあげると次ページの表のようになります。

割干しダイコンや切り干しダイコンの乾燥程度は水分が45％で重量の歩止まりは8％程度ですが、こうなるともうかみ切ることもできませんし、もちろん漬けものには使用できません。したがって、ただ干せばいいというものではありません。

漬けもの材料の乾燥割合と水分含量

	生原料	2割乾燥	4割乾燥	5割乾燥	6割乾燥	8割乾燥
重量の差	10kg	8kg	6kg	5kg	4kg	2kg
水分含量の割合	生ダイコン 葉菜類 キュウリなど 95.0%	93.75%	91.67%	90.00%	87.50%	75.00%
	タマネギ ゴボウなど 90.0%	87.50%	83.33%	80.00%	75.00%	50.00%
	レンコン ラッキョウ ウメなど 85.0%	81.25%	75.00%	70.00%	62.50%	——

漬けもの種類別・材料別　乾燥程度の目安

種類別・材料別		乾燥日数	乾燥の程度
当座漬け		5〜7日間	重量で2割程度減
保存漬け	2〜3ヵ月	10〜12日間	重量で3〜4割減
	4〜6ヵ月	15〜17日間	重量で3〜4割減
	6ヵ月以上	20日間以上	重量で5割以上減
保存漬け	葉菜類	3〜5日間	重量で4割減
	根菜類	10〜20日間	重量で3〜5割減
	果菜類	3〜7日間	重量で3割減

塩加減で変わる味

漬けものづくりは塩漬けから始まりました。ですから、漬けものと食塩との関係は切っても切れない関係にあります。

たとえば、食塩の使用量の違いによって、一夜漬けから1年に及ぶ保存漬けまでできますし、微生物の働きを調節して、発酵漬けや風味漬けもできます。しかし、使用量を間違えると、悪臭がたったりして腐敗してしまいます。しかも漬ける材料の種類や気温の変化などによっても食塩の使用量を変えなければなりません。

塩加減と風味の出し方

塩漬けには2～3％量の食塩を材料にまぶして軽く重石をし（「塩殺し」と言う）、一昼夜おいて食べる〝当座漬け（一夜漬け）〟から、1～3ヵ月間ぐらい漬けて塩漬けのうま味を出した〝ラッキョウの塩漬け〟や〝ピクルス〟など、また5～12ヵ月以上も漬け込む〝保存漬け〟や〝下漬け用の長期保存漬け〟まで多種多様です。

それぞれ種類によって食塩の使用量は異なりますが、そのおおよその目安を示したのが次ページの表です。

しかし、たとえば冬期の気温の低いときと夏期の気温が高いときとでは、食塩の使用量は異なるので、食べる時期や気候の状況、重石の重量などを考慮して決めるべきです。

塩漬けのうま味は、適度な塩味と歯切れの良さが本命ですが、食塩の使用量を調整することによって、塩漬けの場合でも酸味のある風味づけにすることができます。

これは漬け材料の糖やたんぱく質、脂肪などの成分が漬け汁の中に溶け出し、これに乳酸菌やその他の菌類の酵素が作用して発酵し酢酸ができるためです。

そのためには、発酵作用や酵素の働きがよく行なわれるような食塩の使い方をすることが必要です。

上手な食塩の使い方

①食塩の種類や組成をよく知り、使い方の要領を知ることが大切です。

漬けるときに、容器の上になるほど食

塩加減の目安

漬け期間別

期　間	加塩割合
当座漬け	2〜3％
1ヵ月間	3〜5％
2〜3ヵ月間	6〜10％
4〜6ヶ月間	10〜12％
6ヵ月以上	13〜15％
下漬け長期保存	15〜20％

材料別

材　料	加塩割合
白菜、京菜、からし菜など	4〜5％
塩漬けラッキョウ	10％
山ウド、ワラビ、フキなど	17〜20％
シソの実など	20％
ナス、キュウリの保存漬けなど	15〜20％

塩の量を多めに使うようにするのは、塩分が徐々に下に沈んでいき、均一に漬け材料になじむようにするためです。また普通の「食塩」を使った場合など、少し水分を含ませて、容器の底にパラパラと食塩が落ち込まないように工夫することなども大切です。

②食塩は適量を必ず計って使用すること。塩分の多少が漬けものの品質を決定します。その意味で必ず計量して行ないましょう。

目分量でパラパラと手際よく塩をふり漬ける人は、長年の経験によりその分量を正確に身につけた人であり、初心者にできる技ではありません。

③食塩の使用量は漬ける材料の状態や温度、容器の種類などによっても加減します。漬けものづくりのむずかしさはここにあると言えます。これらは同じ種類の漬けものを何回か漬けてみて、その経験からその漬けものに最も適した使用量が生み出されるものです。

失敗を繰り返しながら工夫して改善して、自分に合った漬けものの味をつくり出すことが大切です。

漬けものの基本「塩漬け」

塩漬けの種類と漬け方のコツ

塩漬けは漬けものの発祥であり、最も歴史の古い漬けものですが、単に食塩で漬けるという簡単な作業のようで、中身はなかなか味わいのある漬けものです。
塩加減ひとつで、いろいろ漬け材料のうま味を引き出したり、また長期間の保存漬けもできるという、漬けものの万能みたいなものですが、同時に他のほとんどの漬けものがあらかじめ塩漬けしてからそれを下漬けとして使いますので、その意味では漬けものの基本そのものと言えるでしょう。

塩漬けの種類と特徴

塩漬けの種類には、野菜類や果実類などを少ない塩分で短期間漬けてそのまま食べる当座漬け、一夜漬け、即席漬け、浅漬けと言われるものと、他の漬けものの材料として、また本漬けの前処理の方法として塩漬けしておく下漬け（保存漬け）があります。

しかし、ほんとうの塩漬けのおいしさは、いろいろな漬け材料を目的に合った塩分濃度で漬け、適度の温度と酵素や乳酸菌などの発酵作用により、いろいろなうま味成分を生成させて風味を出させる塩漬けにあります。

代表的なものにハクサイやキュウリの塩漬け、ダイコンやカブなどの発酵塩漬けなどがあります。いずれも食塩の使い方によって、それぞれの種類が決まってきます。塩漬けの他の漬けものに見られない特徴は、漬け材料の持つ成分だけを生かして独特の風味を出させるところです。塩加減ひとつでおいしくもまずくもなるという微妙な変化を持つ漬けものとも言えます。

当座漬け　塩漬けの中で最も多く漬けられる種類ですが、ハクサイ、キュウリ、タカナなど漬ける材料はほとんどが葉菜類です。そのため〝菜漬け〟などとも呼ばれています。

塩分は4～5％重量比で漬けます。この程度の塩分ですと、腐敗の元になるカビや雑菌類が抑えられ、乳酸菌の発酵作用が盛んになりますので、適度の酸味とうま味が生成されます。

香味成分はあまり出ませんので、香り付けに香辛料（トウガラシ、ユズの皮、ニンニク、ショウガなど）やうま味付けにコンブ、干魚などを入れて漬けます。

2～3ヵ月間の長期漬けも可能ですが、一般に1～2ヵ月間で食べるのが普通です。

もちろんダイコンやカブ、ナス、キュウリなども漬けられます。

一夜漬け　早漬けとも言われるもので、野菜の重量に対して2～3％の食塩をふり込んだり、板ずりして軽く重石をするだけで漬け込み、一夜だけで食べるものです。ダイコン、カブ、キュウリなど千切りか薄切りして漬けますが、余分な水分が除かれうま味成分が濃くなるので、生食するよりも漬けものの持つうま味が塩味とともに強調されるというものです。

保存漬け　下漬けとも呼ばれますが、いろいろな漬けもの用の漬け材料の出盛り期に、10～15％重量比の高い塩分濃度で塩漬けして、本漬けまで塩蔵しておくものです。これはあくまでも貯蔵が目的ですから、長期間腐敗させないようにしなければなりません。そのために塩の使用量は当然多くなり、塩辛い漬けものとなりますが、本漬けにするときは適当に塩抜きしてから使用します。

漬ける材料は、キュウリ、ナス、シロウリ、ダイコン、カブ、ナタマメなどが多く漬けられており、それらは福神漬け、奈良漬け、味噌漬けしょうゆ漬け、こうじ漬け、カラシ漬けなどの材料に使用されています。

塩漬けのコツ

塩漬けは食塩だけで漬けるものですから、食塩の使い方が一番のポイントとなります。漬けものの歯ざわりやうま味出しなど、すべて食塩の使い方によって決まります。

①漬け材料は新鮮で病害虫のないものをよく水洗いします。
②洗った後は、半日くらいは陰干しするか（水切りのため）、または2、3日風乾してある程度水分を取り除いて、また材料をしなやかにしてから漬けます。
③種類別・目的別の食塩の使い方については114ページにあげた基準を目安にして、自分に合った使用量や使い方をします。
④一夜漬けなどは精製塩でもかまいませんが、保存漬けの場合は並塩か漬けもの専用の〝粗塩〟などを使うようにします。
以上のポイントを押さえた後は、これから説明する日常の手入れに注意します。

日常の手入れの仕方

漬けものは一度漬けたら食べるときまで放置しておけばいいというものではありません。2～3日に1回は必ず点検して、漬け水の上がり具合やカビの発生は見られないか、悪臭はしないか、虫などが入っていないかなど細かく観察します。

漬け水はつねに押しぶたのところまで上がっているようにします。漬け水が上がってこない場合は重石を重くしたり、適度に差し水をして漬け水を誘い出すようにします。

カビの発生や酸味が強くなったとき　漬け水が上がってきて、水気が多くなると塩分の濃度が薄められるため、雑菌が繁殖しやすくなり、カビの発生が見られるように

なります。また乳酸の異常発酵で酸味が強くなってきます。そこで、これを防ぐ方法として、

①塩分濃度が薄くなった場合は塩を加えて漬け直しして適度の食塩濃度にしておきます。

②漬け容器は20℃以下で温度変化の少ない場所に置き、発酵の進行を抑えます。

③酸っぱくなったら、材料を出して短時間塩抜きした後、漬け直しします。

④カビが漬け水の表面に発生して白っぽくなった場合、漬け水が透明で濁っていない場合はカビだけをすくい取ります。臭いがつき、漬け水が濁ってきた場合は腐敗の前兆ですから、食塩を追加して漬け直すことが必要です。

悪臭がするとき　漬けものが悪臭を放つようだったら、発酵の途中で酪酸菌という腐敗菌の一種が繁殖したと考えられますから、この場合は漬けものを廃棄するより仕方がありません。また、酵母菌が繁殖しすぎると多量のガスを発生し泡立ってきます。この場合は材料を出して漬け直します。

風味が出ないとき　発酵が順調に進行せず風味がつかない場合は、漬け容器を一定期間暖かい場所に置いて温度を上げます。それでもダメな場合は、塩分濃度が高かったり漬け材料の処理が不適当な場合が考えられますので、漬け直す必要があります。

野菜類の塩漬け

ダイコンの塩漬け

秋ダイコンを塩漬けしておくと、味噌漬けや粕漬け、福神漬けなどの刻み漬けの材料に利用できるほか、そのままでも食べられます。

一般に漬け材料としての保存漬けが目的ですから2回漬けます。

漬け方は、まず下漬けとしてよく洗って水切りしたダイコンに食塩をよくふりつけた後、漬け容器に太さを揃えて並べて食塩とダイコンを交互に入れて漬けます。漬けるダイコンの量に対する食塩の量や重石の重量は下表を参考にしてください。

下漬けは5～6日間で終わります。ダイコンは水分が浸出してしなやかになり、ダイコンの容量も約半分に減ってきます。

中漬けは下漬けと同様にして漬けますが、ダイコンの重

ダイコンの塩漬けの配合割合

	ダイコン	食　塩	重　石
下漬け 5～6日間	10kg	700～1,000g	10kg
中漬け 2～3ヵ月以上	7kg （だいたい この重量になる）	600～700g	5～6kg

量に対して食塩は約10％重量比で、また重石は80～１００％重量比にします。漬け水がつねに押しぶたの上に上がっているようにして漬けます。長期間の漬け込みができますが、漬け水が濁ってきたら漬け直すといいでしょう。

漬け容器は冷暗所に置き、ビニールなどで覆いをして容器が清潔に保たれるように心掛けます。

漬け材料のダイコンを1週間程度乾燥させてから漬ける方法もありますが、下漬け用として他の漬けものの材料として使用する場合は、生ものを直接漬けたほうが品質の良い利用に便利な材料となります。

最近では店で売っているダイコンはどの地域で収穫されたどんな品種のダイコンかがわかりにくくなりましたが、漬けものの種類にはそれぞれ適した品種があります。適用品種をあげてみると次のようになります。（たくあん漬けはぬか漬けの項で詳細）

たくあん漬け＝関東では練馬系・理想系、関西では阿波晩生系・理想系
早漬けたくあん用＝みの早生系
ベッタラ漬け＝みの早生系・秋づまり系・三浦系
味噌漬け＝阿波晩生系・衛青系
粕漬け＝守口系・方領系・桜島系
酢漬け＝聖護院系

ダイコンの代表的な品種

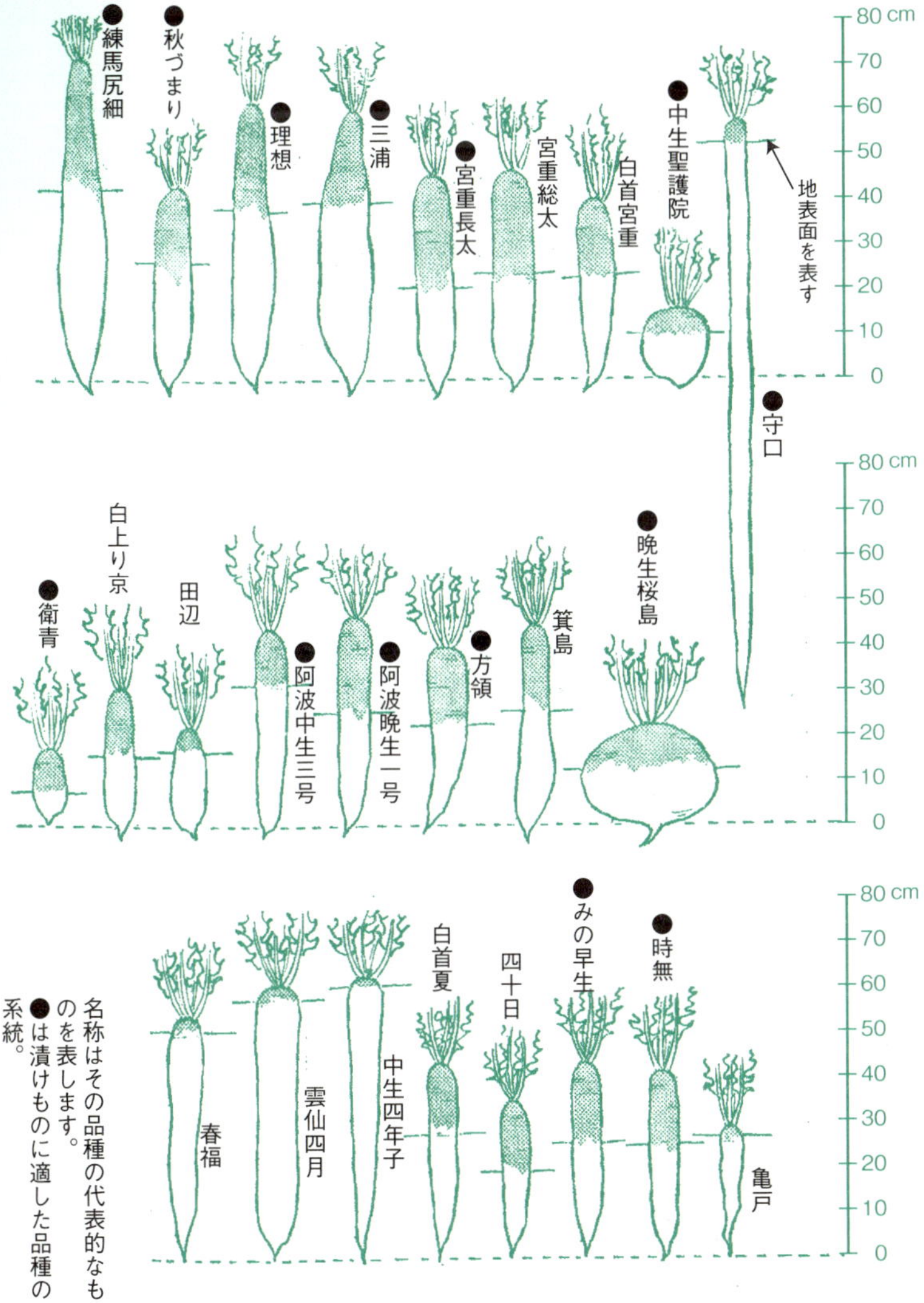
●練馬尻細
●秋づまり
●理想
●三浦
●宮重長太
宮重総太
白首宮重
●中生聖護院
●守口
地表面を表す
●衛青
白上り京
田辺
●阿波中生三号
●阿波晩生一号
●方領
箕島
●晩生桜島
春福
雲仙四月
中生四年子
白首夏
四十日
●みの早生
●時無
亀戸
80 cm
70
60
50
40
30
20
10
0

名称はその品種の代表的なものを表します。
●は漬けものに適した品種の系統。

ハクサイの塩漬け

ハクサイの塩漬けは、秋から冬にかけて常備菜として漬けられる最もポピュラーな漬けものです。だれにも失敗なく漬けられるもののひとつです。

ハクサイの浅漬け、朝鮮漬け、古漬けなど、同じハクサイの塩漬けでも食塩や他の香味材料を加えることでいろいろな変わり漬けができます。

また、ハクサイの塩漬けを応用してキャベツやダイコン葉、小松菜、山東菜、広島菜、カラシ菜など葉菜類の漬けものもつくれます。

原料のハクサイは堅く結球し、白色部が多く、心腐れや病害虫に侵されていないものを用います。一度霜にうたれたものは甘味があって漬けもの用に適します。

漬け方は、次ページの図のように行ないます。

標準的な漬け方では、食塩の使用量はハクサイの重量の4～5％程度が適量です。また1～2ヵ月間日陰干ししてから漬けると引き締まるので、漬け容器に漬けられる量も増えて便利です。

それぞれ地域によって漬け方も異なります。たとえば、大量に1～2ヵ月間漬けておき、ひと冬のハクサイ漬けに利用するような東北地方などでの漬け方や、暖地の関西以西の地方では少量ずつ何回かに分けて食べる量だけ漬けます。これはハクサイの品種（地域によって異なる）にもよりますが、気候の温度差によることが大きな原因です。

ハクサイの塩漬け

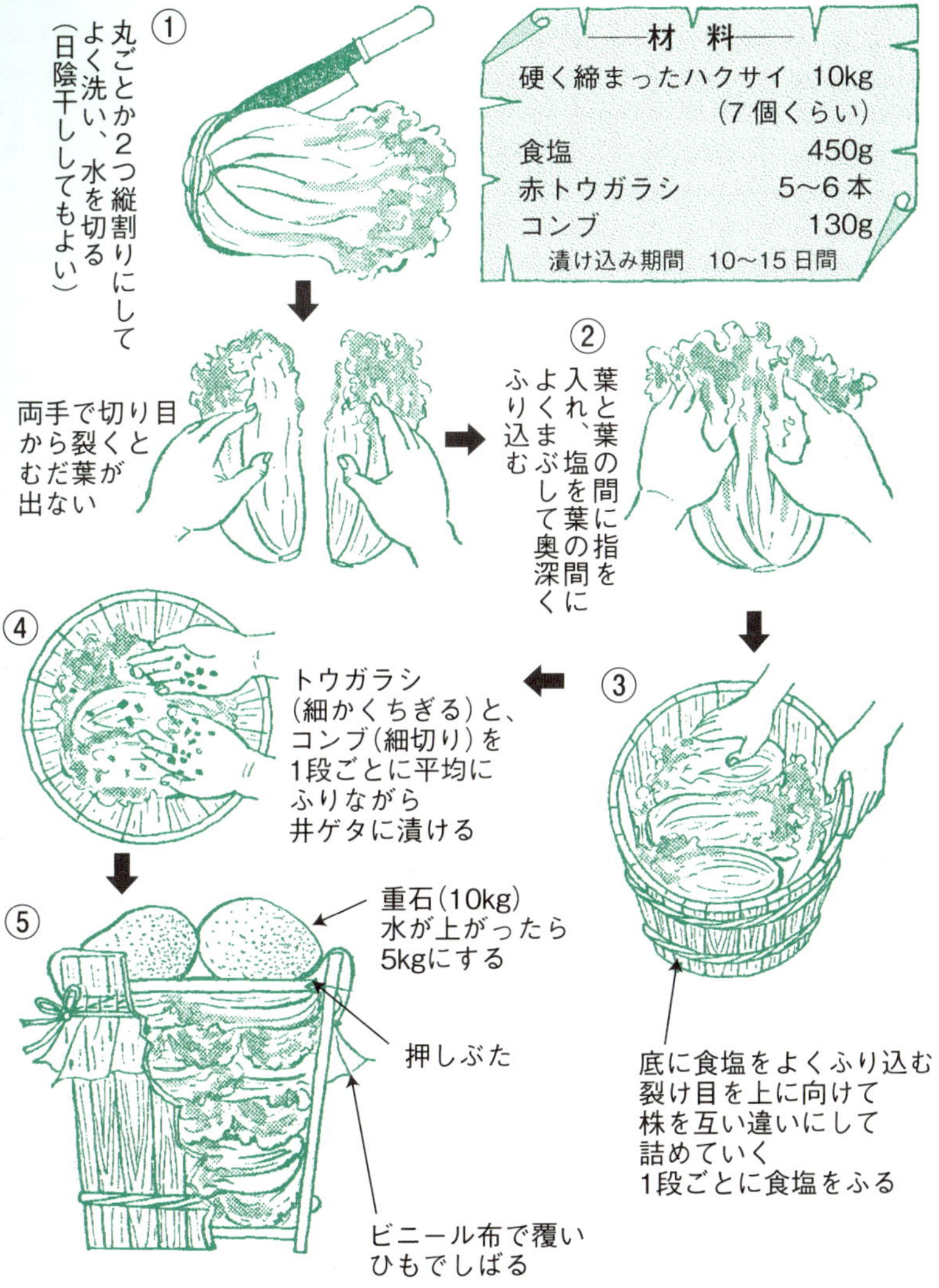
①
丸ごとか2つ縦割りにしてよく洗い、水を切る（日陰干ししてもよい）
材　料
硬く締まったハクサイ　10kg
（7個くらい）
食塩　450g
赤トウガラシ　5～6本
コンブ　130g
漬け込み期間　10～15日間
両手で切り目
から裂くと
むだ葉が
出ない
②
葉と葉の間に指を入れ、塩を葉の間によくまぶして奥深くふり込む
③
底に食塩をよくふり込む
裂け目を上に向けて
株を互い違いにして
詰めていく
1段ごとに食塩をふる
④
トウガラシ
（細かくちぎる）と、
コンブ（細切り）を
1段ごとに平均に
ふりながら
井ゲタに漬ける
⑤
重石（10kg）
水が上がったら
5kgにする
押しぶた
ビニール布で覆い
ひもでしばる

ハクサイの風味漬け（朝鮮漬け風）

塩漬けハクサイに野菜類や香辛料・果実・魚類・コンブなどを混ぜ合わせて漬けるもので、混ぜものの種類によって辛みの効いた風味のある変化に富んだ漬けものをつくることができます。

ただ、薄塩で漬けますので長期の保存漬けとはなりませんが、混ぜものの成分が利用できますので栄養豊富な漬けものです。

材料は、まず下漬けハクサイを用意します。さらに、ニンジン、ネギ、リンゴ、ニンニク、ショウガ、トウガラシ、干しえびやシラス干しなどを用意して、食塩、砂糖を加えてそれらを混ぜ合わせて「下ごしらえ」します。

ほかには好みによって、ダイコンのみじん切り、落花生を砕いたもの、ユズや柿の皮を干したもの、干しタラの肉を細かく刻んだものなどを入れてもよいでしょう。

味の濃いものをつくりたい場合は差し水の変わりに〝鶏ガラスープ〟を布でこし入れます。

本場の朝鮮漬けは、香辛料を多く使い塩気の濃い辛味の効いた漬けものです。また朝鮮の寒い冬の風土に合わせて漬けるため、生の魚や肉なども一緒に漬け込みますが、日本の風土には適しません。ここでは〝朝鮮漬け風〟としたもので冬期の寒い時期の漬けものとして適します。

ハクサイの風味漬け（朝鮮漬け風）の下ごしらえ

【材料】下漬けハクサイ10kg当たり

ニンジン	1kg	ニンニク	50g	干しエビや シラス干し	350g
ネギ	300g	ショウガ	50g	食塩	200g
大きめリンゴ	3個	粉トウガラシ	20g	砂糖	60g

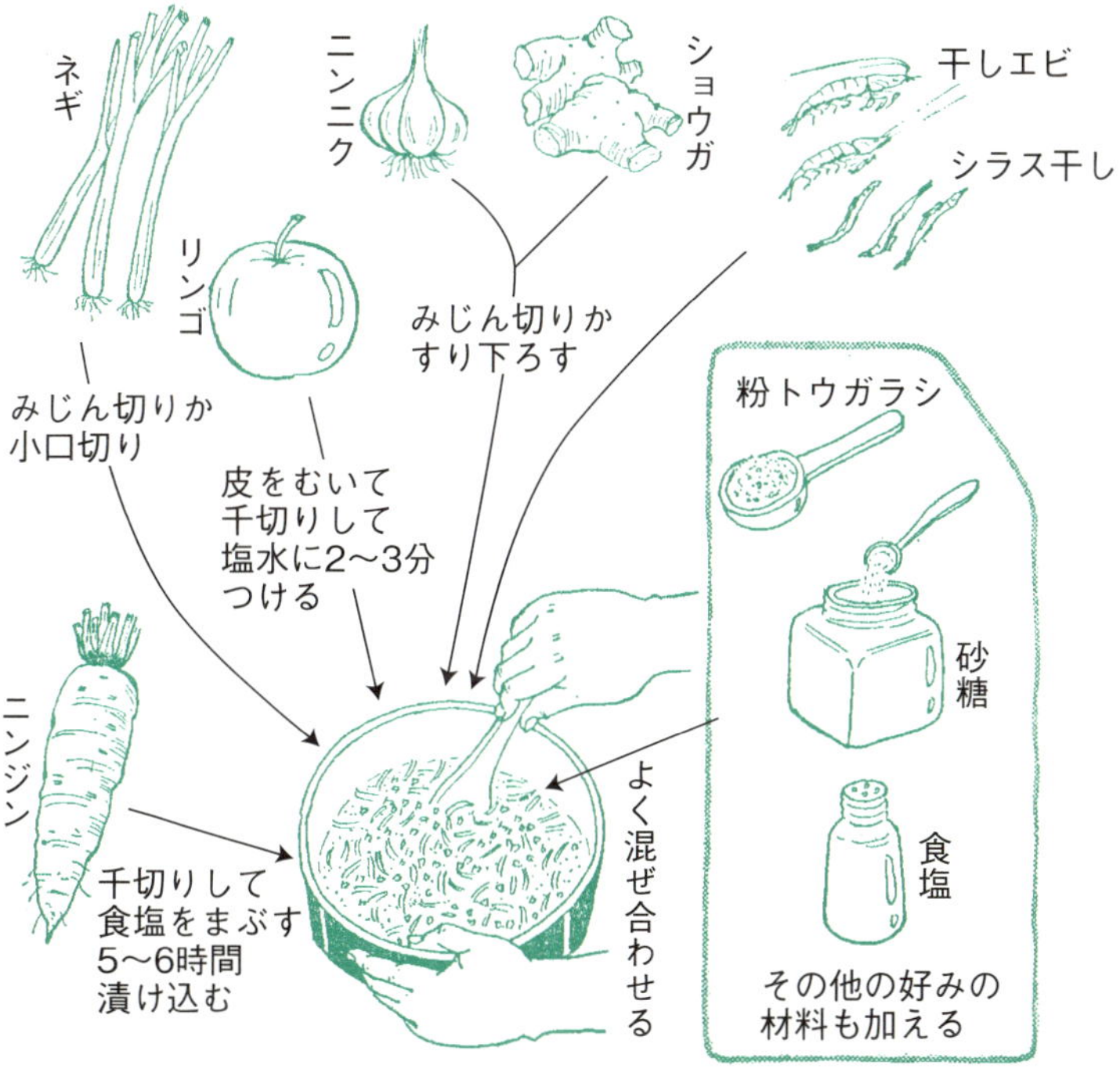
ネギ
みじん切りか
小口切り
リンゴ
皮をむいて
千切りして
塩水に2〜3分
つける
ニンニク
ショウガ
みじん切りか
すり下ろす
干しエビ
シラス干し
粉トウガラシ
砂糖
食塩
その他の好みの
材料も加える
ニンジン
千切りして
食塩をまぶす
5〜6時間
漬け込む
よく混ぜ合わせる

①下漬けしたハクサイ以外の材料は、下ごしらえしたものをよく混ぜ合わせて調味料を浸み込ませておきます。
②下漬け（塩漬けにしたもの）ハクサイは軽くしぼって水気をとり、混ぜ合わせた他の材料を葉と葉の間に均等に詰め込みます。
③詰め終わったら、こぼれ出さないように葉先を少しひねって包むようにします。漬け容器にすき間のないようにキッチリ詰め、押しぶたをして漬け材料の3〜4割程度の重さの重石を乗せます。
④約10日間で熟成し、適度の風味がつきます。

ハクサイの風味漬け（朝鮮漬け風）の本漬け

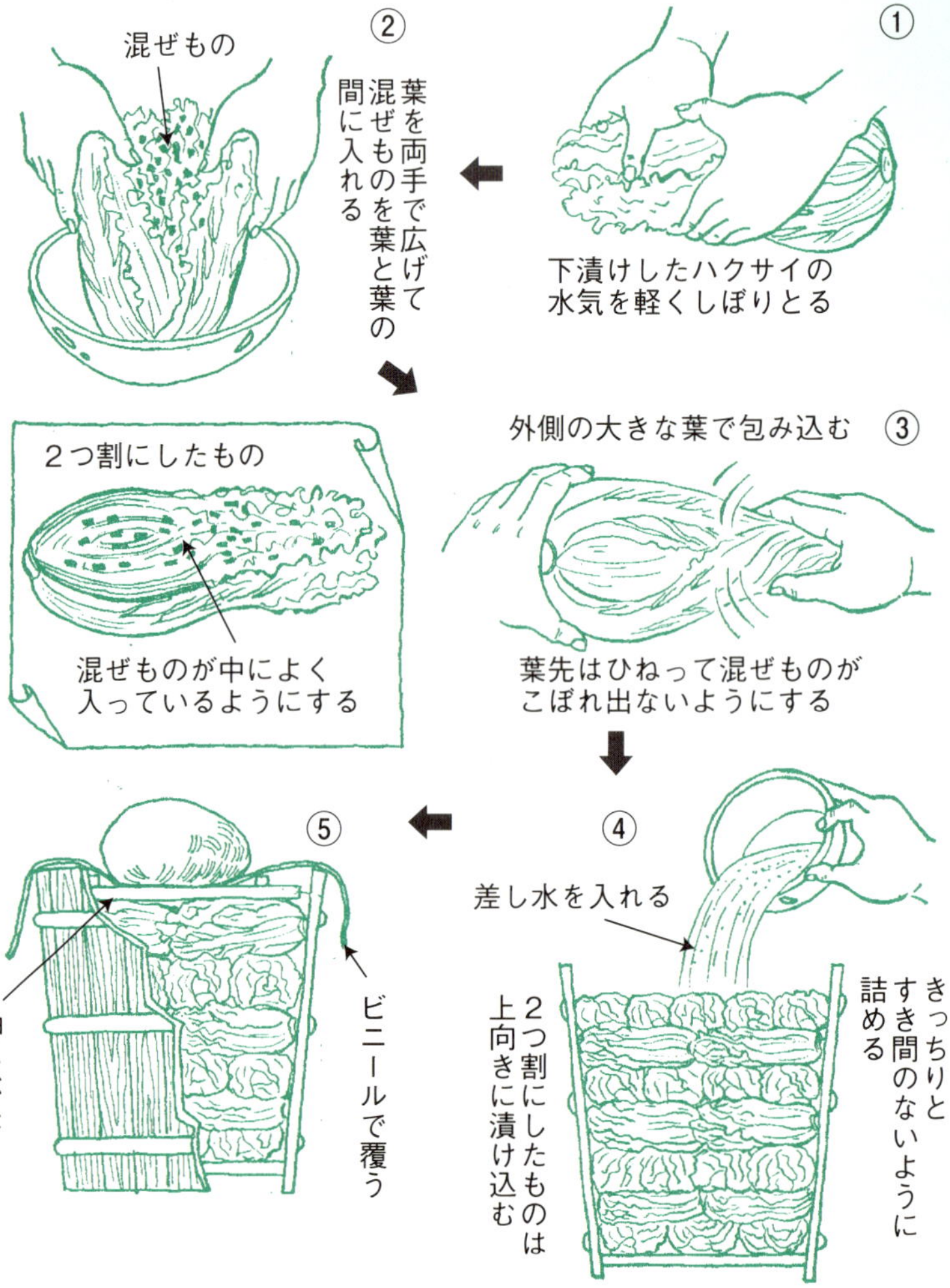
①
下漬けしたハクサイの
水気を軽くしぼりとる
②
混ぜもの
葉を両手で広げて混ぜものを葉と葉の間に入れる
2つ割にしたもの
混ぜものが中によく
入っているようにする
③
外側の大きな葉で包み込む
葉先はひねって混ぜものが
こぼれ出ないようにする
④
差し水を入れる
きっちりとすき間のないように詰める
2つ割にしたものは上向きに漬け込む
⑤
ビニールで覆う
押しぶた

ナス・キュウリの塩漬け

夏はナスやキュウリの出盛り期で、値段も安くなります。このチャンスを利用して塩漬けしておくと、そのまま食べられるほか、下漬け用としても利用できて便利です。

材料　ナス・キュウリともに若もぎした新鮮なものを選びましょう。下漬け用にする場合は、たとえばキュウリの場合では粕漬け用には肉質が締まり濃い緑色をしたもの、しょうゆ漬け用には若もぎのもの、ピクルス用の場合は細くて小型のもの、といった具合に用途を考えて材料を漬けておくことが大切です。

漬け方　長期の保存漬けの場合は2回漬けといって一度漬け替え2回に分けて漬けることが必要です。これを1回目を下漬け、2回目を中漬けと呼んでいます。

①下漬けの場合は、材料の重量に対して10～15％の食塩が必要で、中漬けには8～10％の食塩を用意します。

②ナスは原色を保つため、食塩の使用量の0・2％の焼みょうばんを入れると美しい色を保つことができます。

③キュウリの大きさが不揃いの場合は大きなものは2つ割にして中のぬたを出して漬けます。

下漬け　漬け容器の底に食塩をふり、材料に食塩を手でまぶしつけるようにしながら一列にすき間のないように並べます。その上に食塩をふり、また材料を同じ要領で並べ食塩をふります。この作業を交互に行ない漬け込んでいきます。

キュウリの下漬けの方法

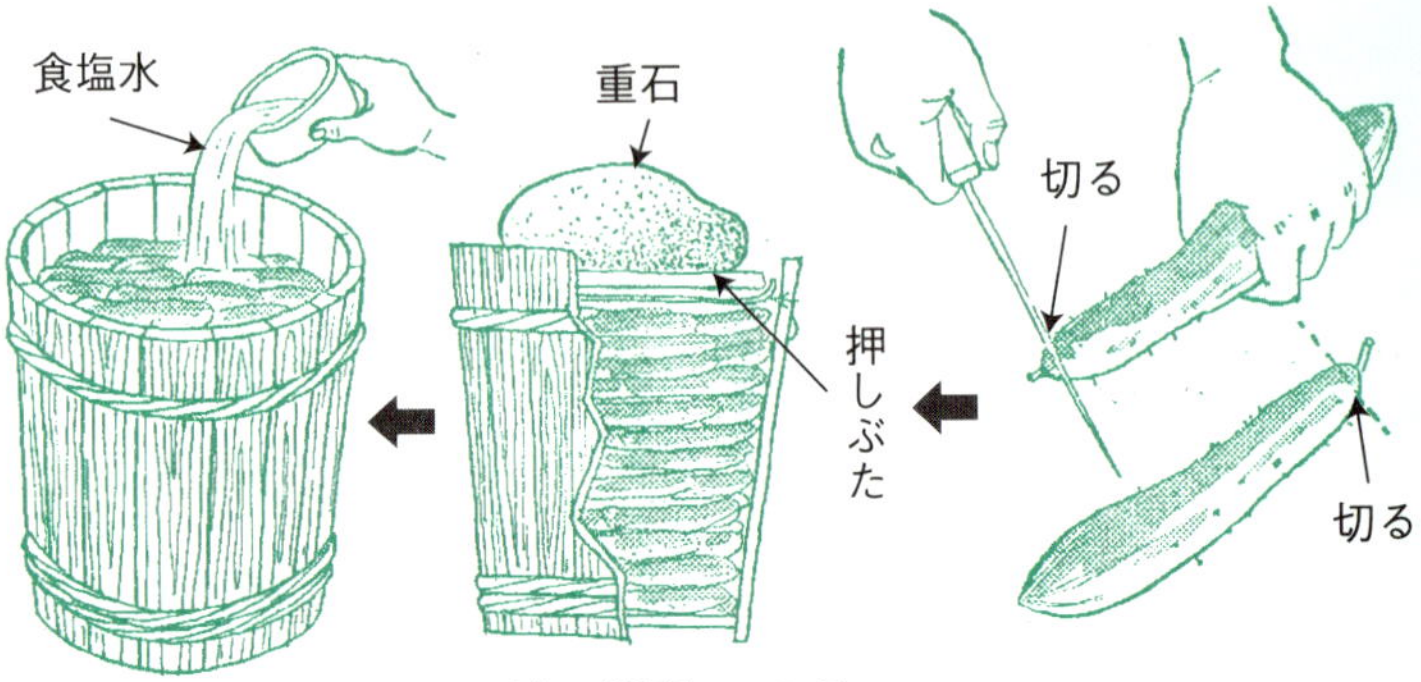
食塩水
重石
押しぶた
切る
切る
差し水の仕方
下漬け期間 5〜6 日

材料の上にふる食塩の量は上に行くほど多くします。特に精製塩の場合、サラサラしているために容器の底のほうに落ちてしまいますので、使用量の半分くらいは一番上にふり塩するとよいでしょう。

漬け終わったら、材料の重量の10％の差し水を静かに入れます。差し水は3％の食塩水を用います。

押しぶたをして材料と同量の重石をしておきますと、2〜3日で漬け液が上がってきます。下漬けは約1週間で終わります。

中漬け　下漬けの終わった材料をまずザルなどに取り上げ、水切りをします。

漬け方は下漬けと同様の方法で漬け込んでいきますが、材料が軟らかくなり漬けやすくなっていますので、すき間のないようにキッチリと詰め込むようにして並べてください。

食塩の使用量は地域の気温などを参考にして加減します。上面には多く食塩をふっておき、ビニール布で覆い、押しぶたをして重石を乗せます。重石は最初は材料の半分くらいの重量のものを乗せ、漬け水が上がってきたら、さらに半分くらいの重量の重石に取り替えます。

長期間貯蔵する場合、特に注意しなければならないことは、漬け水が蒸発して少なくなったり、表面が乾燥する場合がありますので、そのときは下漬けの場合と同様に差し水して押しぶたの上に漬け水が上がっている状態に保つことが大切です。

漬け容器はなるべく温度変化の少ない冷暗所に置いておきます。

ナスの一夜漬け

新鮮な色鮮やかなナスの原色をそのまま残した、歯切れの良いナスの塩漬けです。一昼夜漬けておくだけで食べられます。

材料　小型のナスを10～15個ぐらい漬ける場合です。食塩100g、水0・1ℓ焼みょうばん2g。

漬け方　ナスはへたの付け根のところで切り落とします。水に食塩と焼みょうばんをよく溶かし、一度煮立てて冷ましておきます。

この漬け水にナスを入れて浮き上がらないように押しぶたをして軽く重石を乗せておきます。一昼夜経てば、ちょうどよい食べ頃となります。

焼みょうばんは、多すぎると皮が堅くなり渋みが残るので少なめに使用することが大切です。

ラッキョウの塩漬け

ラッキョウは一般に酢漬けにして漬けられており特有の風味と歯ざわりを楽しむ漬けものとして重宝されています。

栄養的にもカルシウム・リン・鉄分が豊富にありおいしい漬けものですが、塩漬けのまま食べても十分おいしく、酢漬けやみりん漬けの下漬けとしても利用できます。

塩漬けしたラッキョウを少しずつ取り出し酢漬けなどに漬け替えると、色の鮮やかな漬けものとなります。

材料　小粒で形の揃った生ラッキョウを用意します。ラッキョウ1kgあたり食塩100g、水0・5ℓを用意します。

漬け方　葉や根の部分をとり薄皮をむいて水でよく洗い、半日くらい陰干ししてラッキョウの表面を乾かします。乾いたラッキョウに少量の食塩をふりまぶすようにして、食塩を付着させます。

食塩を水に溶かし一度煮立てて殺菌してから冷ましておきます。

漬け容器の中に塩をふったラッキョウを入れ、冷ましておいた食塩水をゆっくり入れ、ラッキョウが浮き上がらないように押しぶたをし、重石（ラッキョウ重量の半分くらいの重さ）をして表面をビニール布などで覆っておきます。

漬けてから2～3日すると発酵が始まり盛んに泡が出てきます。ときどき全体をかき回して発酵を均一にして、2～3週間で食べられるようになります。

ラッキョウの塩漬け

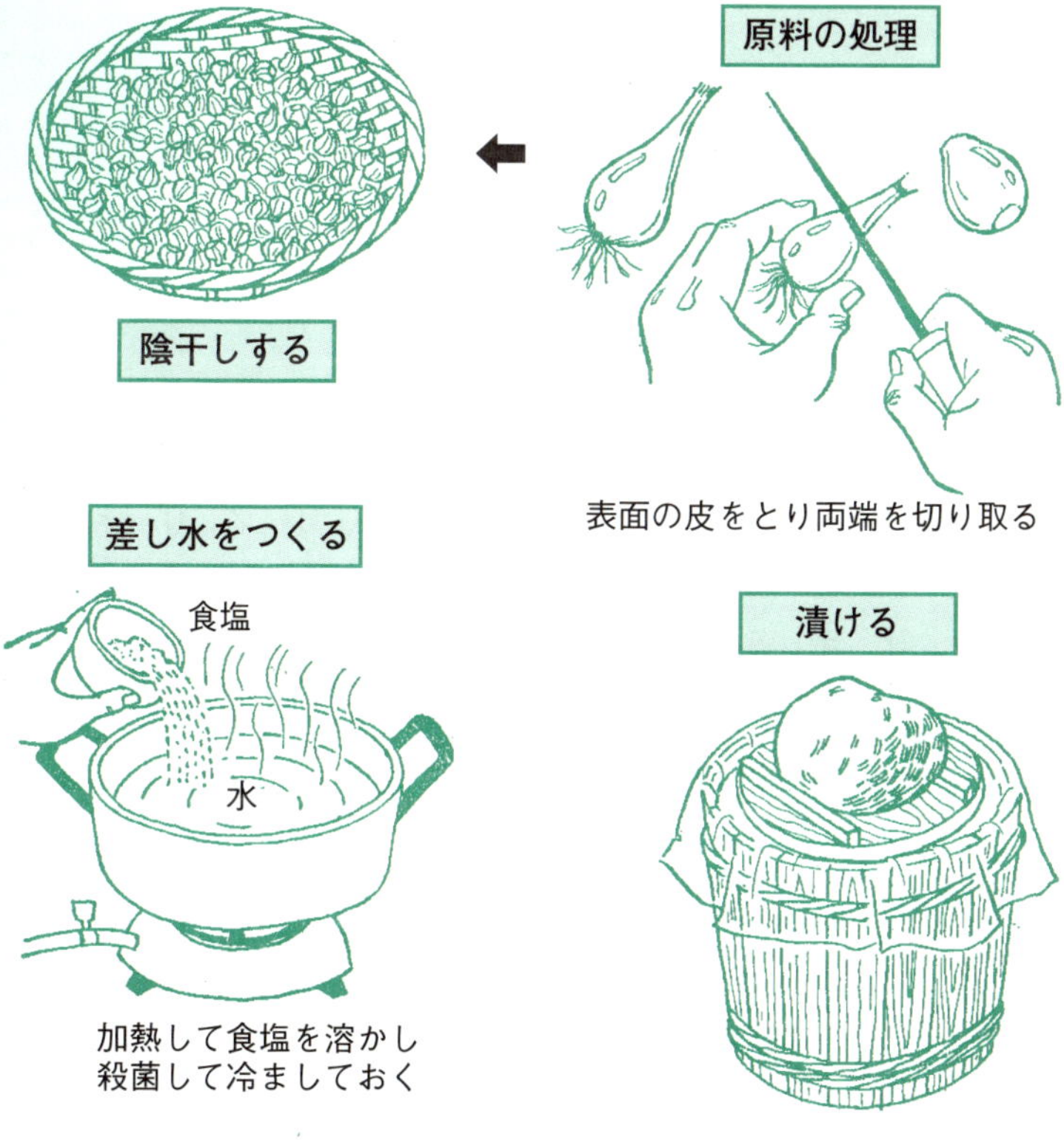
原料の処理
表面の皮をとり両端を切り取る
陰干しする
差し水をつくる
食塩
水
加熱して食塩を溶かし
殺菌して冷ましておく
漬ける

酢漬けやみりん漬け用に長期間保存したい場合は、
食塩の量を2〜3割多くして漬けておきます。
食塩の量が少ないと液が濁ってきて色も悪くなり、
酸味が強いものとなります。

梅漬け（梅干し漬け）

塩漬けの代表のひとつに梅漬け（梅干し漬け）があります。

梅雨がいよいよ本格化する6月頃に黄色く熟す一歩手前の梅を用います。つくり方は好みや地域によって、硬いもの、軟らかいもの、甘酸っぱいもの、塩辛いものなど、風味も一様ではありませんが、ここでは一般的な梅干しづくりを取り上げてみます。手づくりの順序は次ページに図示しますが、上手につくるポイントは次の点です。

①アク抜きと水切りを必ず行なう。

②赤シソの出回る時期は梅漬けの時期より少し遅れるが、梅は必ず適期に漬ける。

③重石の重量は、漬け始めは梅の重量の3～4倍にして、漬け汁が上がってきたら2倍程度にする。

④日干しは下漬けが終わった頃に、梅とシソを広げて陽向で干します。全体が乾くようにときどき裏返します。夜は容器に戻し、日干しは3～4日行ないます。〝三日三晩土用干し〟とも言われるように梅雨明け頃の作業で土用干しとも言います。

⑤日干しが終わったら着色した梅とシソをまた交互に詰め、梅が全部浸かるまで赤梅酢を入れ押しぶたをして冷暗所に置いておきます。長期間の保存もできます。

梅干しの漬け方

材料の梅

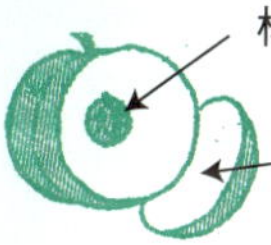
核の小さいもの
果肉が厚く
しまっている

青みがやや薄れて
部分的に黄ばんだ傷のないもの

──材　料──

生青梅	5kg
食塩	1kg（梅の20％量）
赤シソ	500g（梅の10％量）
シソのもみ塩	100g（シソの20％量）

カメかツボ・重石・ガーゼ布

①アク抜き

清水中に一昼夜つける

②水切りと乾燥

・完全に水を切り、半日陰干しする
・梅に傷がつかないように注意

③下漬けの漬け込み方

・20～30日で漬け水が上がる。
・シソが出回るまで漬けておく。
・漬け水を「梅酢」と言う
・漬け水が上がったら重石を軽くする
・2～3日しても漬け水が上がらない
ときは重石が軽いため重い石を乗せる

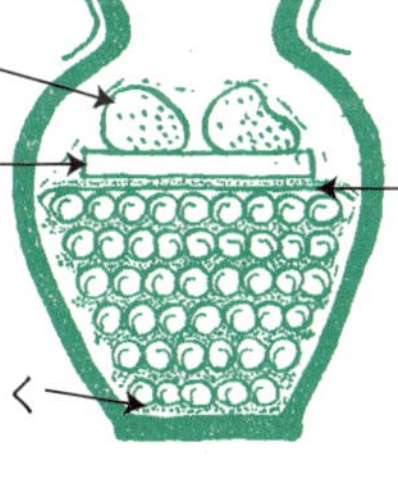
ビニール
15～20kg
押しぶた
底に塩をまく
ガーゼ布上に
1/3量の塩

塩と梅を交互に上に行くほど
塩の量を多くする（2/3量）

④シソの葉の処理

赤シソの葉をしごいてとる

葉を陰干しして塩でもむ
出た青汁は捨てる

梅酢を入れてよくもむと
紫紅色になる

⑤色づけ

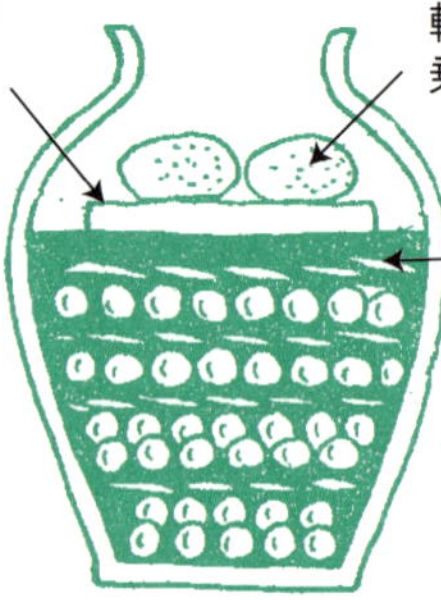
押しぶた
軽く重石を乗せる
赤梅酢を入れる

シソの葉を交互に入れる

⑥土用干し

・3～4日くらい日中陽向で干す
（表面にしわができ塩が
ふいて白くなるまで）
・夜には取り込む方法もあるが
1日おきに夜露にあてると
肉質がよくなる

⑦漬け込み

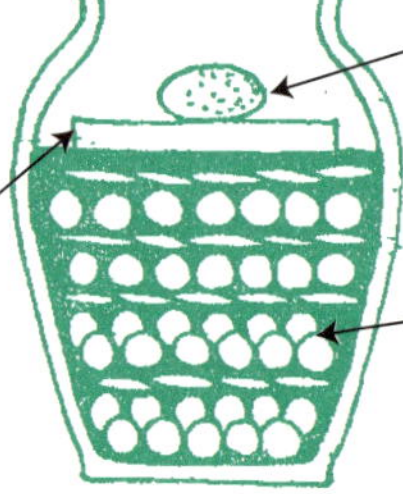
軽く押す
押しぶた
シソの葉

赤梅酢を約1／3量入れる

⑧保存

ビニールで密閉する

冷暗所に置く

庶民の漬けもの「ぬか漬け」

ぬか漬けは米ぬかと食塩を混ぜ合わせ、漬け材料にまぶして漬けたものの総称です。漬け方によって、長期間漬けておくものとしてダイコンを漬けた〝たくあん漬け〟と、短期間漬けておくものとして、水を加えてぬか味噌床をつくり、その中に野菜類や果実類を漬ける〝ぬか味噌漬け〟があります。

ぬか漬けの代表「たくあん漬け」

〝たくあん漬け〟はダイコンの漬けものの中でも最もポピュラーな漬けものです。干したダイコンを食塩と米ぬかとを混ぜた〝塩ぬか〟に入れて長期間漬けてつくります。種類も多様ですが、大きく分けて次の3種類があります。

本漬け（辛漬け）＝6ヵ月以上塩漬けしてから食べる。

早漬け（中漬け）＝下漬けを短期間に終え、ぬか漬けして2～3ヵ月で食べる。
新漬け（甘漬け）＝ダイコンを干さずに生のまま塩漬けしてぬか漬けして食べる。

たくあんづくりの準備

それほど品種にこだわる必要はありませんが、おいしく食べるには、生食用の尻太の品種は避けたほうがいいでしょう。また秋口に収穫した新鮮なダイコンを使います。

ダイコンの乾燥の仕方　ダイコンの干し方加減がたくあんの品質やうま味などの優劣を決める言われるほど、干し方と乾燥の度合いがポイントになります。

干し方には、葉をつけたまま干す方法と葉を切り取ってなわで編んで干す方法とがありますが、いずれも均一に乾燥させることが大切です。

時期は11月下旬から12月上旬までの大気の乾燥した時期に干すのが良く、気温の高いときに干すと酢入りしたダイコンになったり表面に黒い斑点ができたりします。

風通しが良く日当たりの良い場所に干し、乾燥中には雨や霜に当てない、凍結させないように注意します。

漬ける容器はダイコンを丸ごと漬けますので大ぶりのものが必要です。また、重石も相当な重量になりますから丈夫であることも必要です。従来は和ダルの四斗ダルが用いられてきましたが、大型の合成樹脂製やホーロー引きの大型タンクを準備しましょう。

ダイコンの干し方

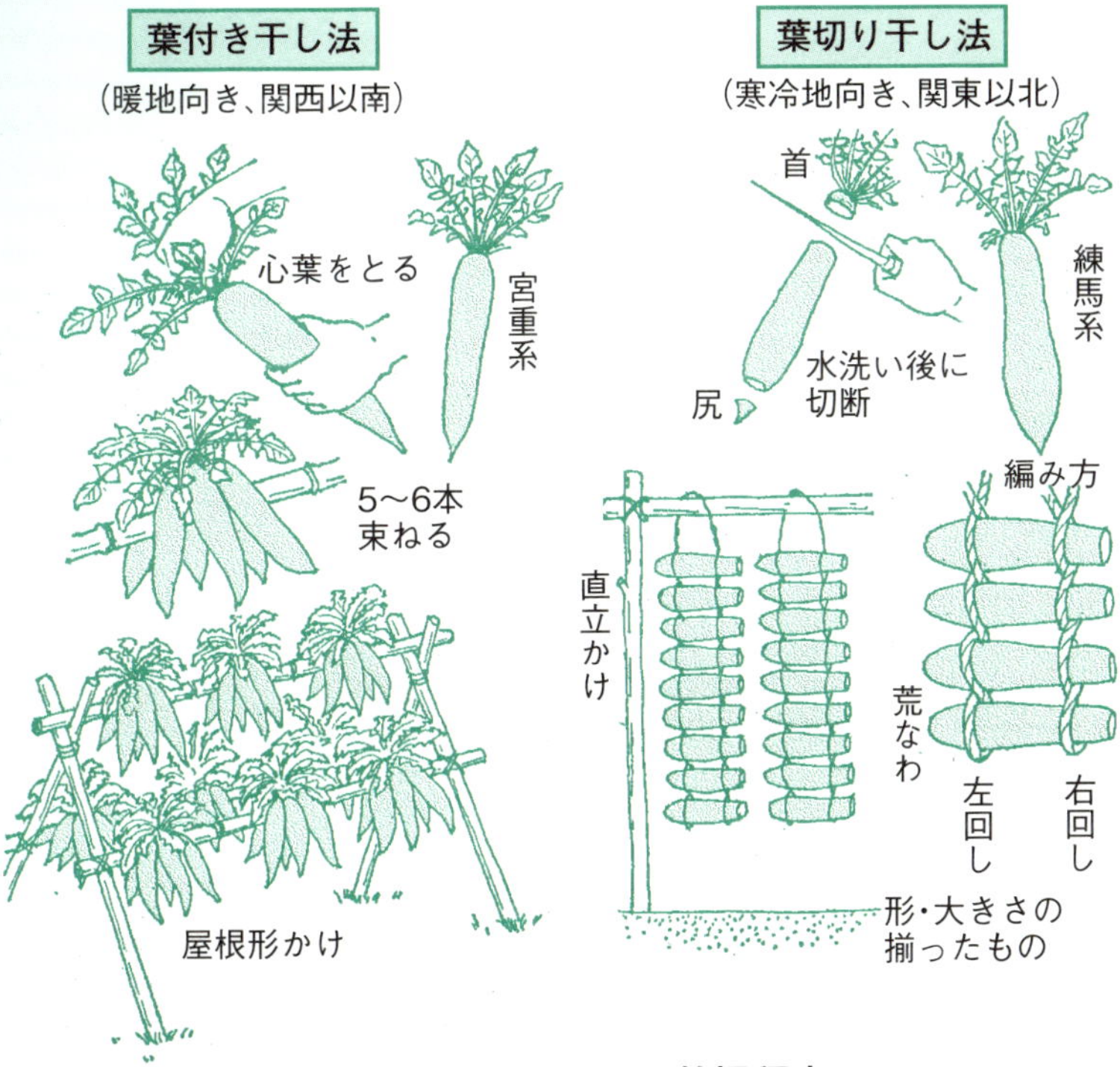

葉付き干し法
（暖地向き、関西以南）
心葉をとる
宮重系
5〜6本
束ねる
屋根形かけ
葉切り干し法
（寒冷地向き、関東以北）
首
練馬系
尻
水洗い後に
切断
編み方
直立かけ
荒なわ
左回し
右回し
形・大きさの
揃ったもの

乾燥日数とダイコンの乾燥程度

干しダイコン10kg（葉なし）当たりの量

種類	標準乾燥日数	乾燥の程度	形状
本漬け（辛漬け）	20〜25日	ねじれるか結べる	
早漬け（中漬け）	15〜20日	半円形に曲がる	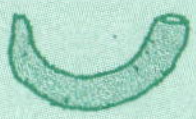
新漬け（甘漬け）	10〜15日	弓なりに曲がる	

たくあんの漬け込み方

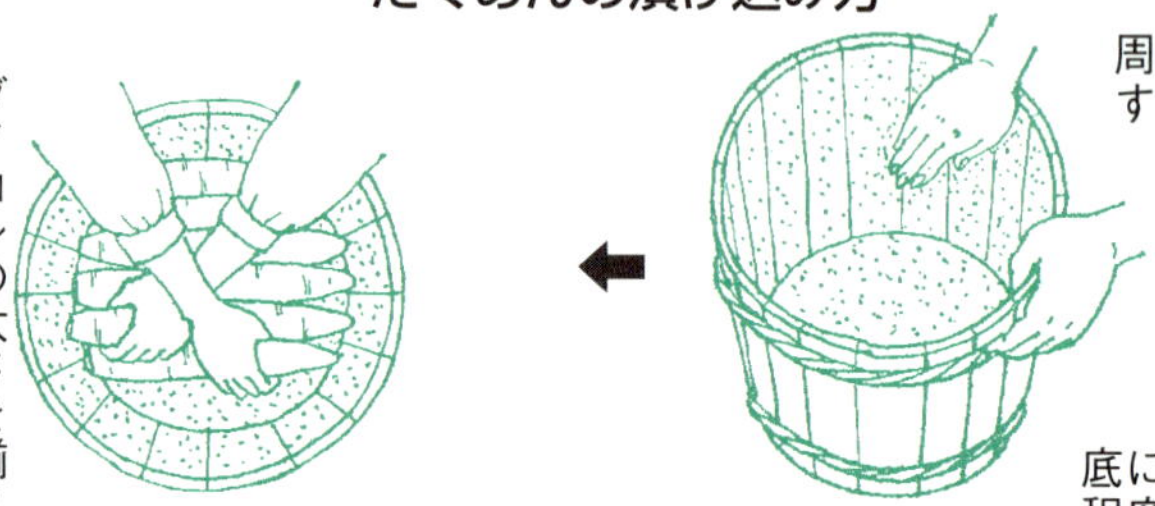
周囲に食塩をすりつける
底に厚さ2cm程度の塩ぬかを敷く
ダイコンの太さを揃えて
すき間のないように
漬け込む
漬け込み

漬け込み方

(宮重系のような太くて短いもの)　(練馬系のような長いもの)

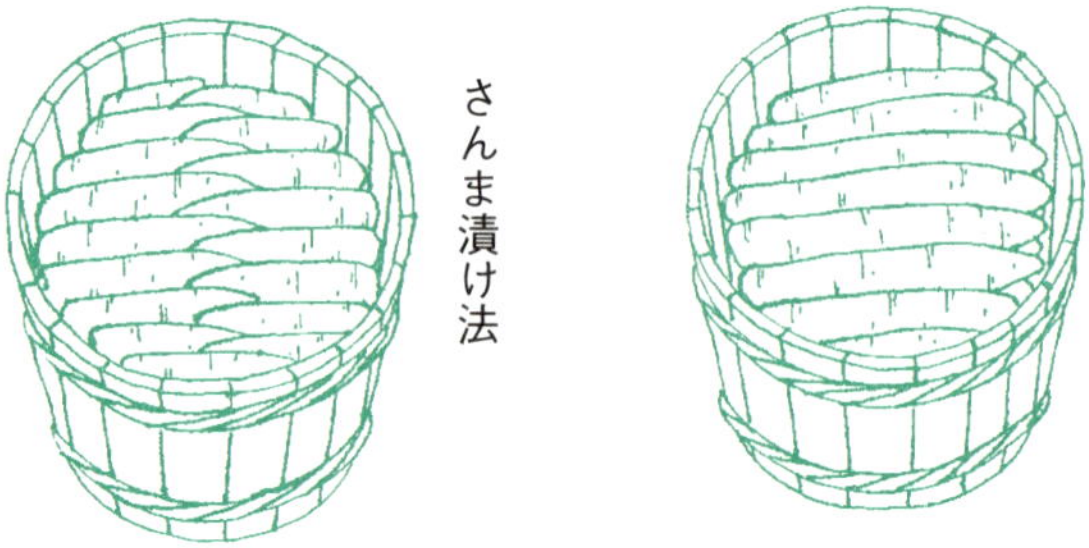
さんま漬け法
揃え漬け法

オケへの漬け方

重石
ダイコンの干し葉を上に乗せる
押しぶた
塩ぬかとダイコンを交互に入れる

漬け容器は甘漬けの場合は
温暖な場所に置く
辛漬けや中漬けの場合は
涼しい場所で長期間熟成させる

たくあん漬けの配合割合

干しダイコン10kg（葉なし）当たりの量

種類	食塩	米ぬか	その他の材料
本漬け（辛漬け）	1.5〜1.8kg	0.4〜0.5kg	ザラメ 干し魚（雑魚） 柿の干し皮 赤トウガラシ など少量
早漬け（中漬け）	1.1〜1.3kg	0.5〜0.6kg	
新漬け（甘漬け）	0.6〜1.0kg	0.6〜0.8kg	

漬け方のポイント

食塩とぬかの配合割合は上記表を参考にしてください。

漬け方は、まず容器の底に2〜3㎝の厚さに敷き詰めます。詰めるダイコンはすき間のないようにきっちり詰め、塩ぬかを十分に被せることがポイントです。大量の場合は両足で踏み込んで漬けます。どうしてもすき間ができる場合でもダイコンの葉で埋めます。

塩ぬかと干しダイコンを交互に入れて漬け込みます。塩ぬかは上段になるにしたがい量を多めに入れると均一に漬け上がります。

風味づけにザラメ（砂糖）や干した柿の皮、赤トウガラシ、干し魚などを少量加える場合もあります。

詰め込みが終わったら、干しダイコンの葉を全面に敷き詰めて押しぶたをして一晩軽く重石を乗せておきます。

一晩経ってダイコンが落ち着いてきたら本格的に重石を乗せます。重石の重量は干しダイコンの重量と同量か1・5倍の量を標準とします。

7〜8日で漬け水が上がってきますので、重石の重量を2／3に減らして、つねに液が押しぶたの上面に上がっている状態にします。

食べ頃は約40日前後からです。

その他の野菜類のぬか漬け

カブのぬか漬け

10月から11月にかけて収穫される小カブを調理したぬか床に漬けたものです。材料の小カブは2～3回霜に当たったものが甘味があっておいしく漬かります。
3～4ヵ月間漬け込むことが必要です。

【カブのぬか漬け】

材料

・小カブ　3kg
（葉を切り取り 4～5 日間干したもの）
・米ぬか　200g
・食塩　200g
・砂糖　50g
・酢　150cc

① カブは 4～5 日間日干しして軟らかくしておく。
② 米ぬか・食塩・砂糖をよく混合して食酢を加えて練り合わせて漬け床をつくる。
③ 漬け容器の底に調味ぬかを敷き、カブをすき間のないように 1 段詰める。その上に調味ぬかを被せ、その上にカブをまた並べて詰め、これを交互に繰り返す。
④ 漬け終わったら上面を平らにして押しぶたをして、材料の 2 倍量の重石をして密閉しておく。
⑤ 冷暗所に置き、3～4 ヵ月で食べ頃を迎える。

キャベツのぬか漬け

葉菜類もぬか漬けすると甘味と独特のぬかの風味が出てきておいしく食べられます。保存漬けではありませんから、２週間ぐらい漬けただけで食べられます。

キャベツのほかにハクサイやダイコン葉なども同様に漬けられます。

漬け水は押しぶたの上につねに上がっているようにしておくことが大切です。

【キャベツのぬか漬け】

材料

- キャベツ　5kg
  （秋から冬にかけて収穫したよく結球したもの）
- 米ぬか　300～350g
  （炒って使うと香りがよい）
- 食塩　200～250g
  （葉菜類は材料の重量の 4～5％量）
- トウガラシ　2～3 本
- ダシコンブ　100g

① 枯葉や外葉を除いて水洗いした後、2～4 つ割にして半日陰干しする。
② 食塩はキャベツの全面によくふり塩する。
③ 残りの食塩とぬかをよく混ぜておき、キャベツと塩ぬかを交互に漬け込み、その間にコンブやトウガラシを入れる。
④ 漬け終わったら、上面を平らにならして押しぶたをして重石を置く。
⑤ 重石は漬け水が上がるまで材料と同量以上の重さにしておき、漬け水が上がってきたら、重石の重量を半分に減らす。
⑥ ２週間くらいで食べ頃を迎える。

年季ものがさらにおいしい「ぬか味噌漬け」

ぬか味噌漬けは日本独特の漬けものです。米ぬかと食塩を水と混合させて練り合わせ、乳酸菌や酵母菌をほどよく発酵させて発酵ぬか床をつくり、その中に漬け材料を漬け込みます。漬け床のうま味・酸味・甘味・香りなどを浸み込ませた特有の風味を持った漬けものです。

日本各地でつくられ、関西では〝ドブ漬け〟(水気の多い漬け床が中心)、九州では〝浅漬け〟(ぬか床の発酵が非常に激しいため漬ける時間がどうしても短時間になりやすいため)などと呼ばれています。

ぬか味噌漬けの特徴

ぬか味噌漬けは〝漬け床〟のつくり方や管理の仕方によって漬けものの風味が決まると言われます。

その理由は、漬け床の風味が気候や米ぬかの品質や配合割合に左右され、漬け床の発酵がうまくいっているかどうかも決まり、酸味・甘味・うま味などの出来具合にかなりの差が生じるからです。

漬け床は年間を通じていつでもつくることができますので、〝四季漬け〟とも言われますが、一般には春先から秋にかけてつくるのがよく、発酵熟成をうまく行なわせるためには20℃前後の温度が必要になります。そのため冬期の温度が低い期間や寒冷地ではぬか味噌漬けは不向きとなります。

逆に、温度が35～40℃になると乳酸菌の発酵が異常に進み、酸味が強くなったり、また悪臭を放つ酪酸菌などの繁殖が盛んになるのでよいものはつくれません。

ぬか味噌床は一度つくっておけば、いつでも何回でも利用でき、発酵を順調に行なわせ手入れさえ完全に行なえば一生涯利用できるとも言われています。

年々新しいぬか床をつくり直すよりも、手入れを確実に行ない、長年手を入れたもののほうがぬか床もなれ、おいしさも一段と増しますので、長い間使えるよう手入れに心掛けることが必要でしょう。

ぬか味噌床のつくり方

ぬか味噌床の材料の配合割合は、地域の気候やつくる時期などによって異なります。古いぬか床になれば、発酵も順調に進んでいますので腐敗の心配はありませんが、新しいぬか床ではなじむまでに細心の注意が必要です。

ぬか味噌床の材料の配合割合は次ページの表になります。ぬかの量は多すぎず少なすぎず、1回に漬け込む材料の量で決めます。

ぬか味噌床のつくり方では、すでによくなれたぬか味噌床があれば、一握り程度を

ぬか味噌床の材料と配合割合

材料	例1（一般向き）	例2（春季用）	例3（夏季用）
米ぬか（乾燥したもの）	3.0kg（100）	3.0kg（100）	3.0kg（100）
食塩	750g（25）	400g（13）	600g（20）
水	4.5ℓ（150）	2.5ℓ（80）	3.5ℓ（120）
その他		赤トウガラシ にんにく 少量	米こうじ コンブなど 300g（10）

（　）内はおよその比率

混ぜ合わせると熟成が早まり風味が良くなります。

漬け床ができたら発酵・熟成させます。はじめの2～3日間は毎日2～3回手で漬け床の底までていねいにかき混ぜ、空気に十分触れさせて好気性の乳酸菌の生成と発酵を促します。

漬け床は25～26℃の温度で保存して熟成させるのが最適です。そのため外気温が高い場所では涼しいところへ、また秋から冬の低温期間は容器を保温しておきます。

約1週間で発酵が終わりなれてきて独特の風味が出始めたら漬け込み始めます。

新しい漬け床の場合は米ぬかの臭いがまだ残っているときがありますから、キャベツの葉やダイコンなど水気の多い野菜類を2～3日ごとに漬け替え、2～3回行なうと、ぬかの臭みを消すことができます。これを「捨て漬け」と呼び、新しいぬか味噌床では一般に行なわれている方法です。

ぬか味噌床のつくり方

①
よくふるいでふるいで
容器に入れる
ふるい
熱湯で殺菌して
冷ました漬け容器
②
食塩
水
よく煮立ててから
冷ましておく
③
食塩水を少しずつ入れながら
米ぬかと練り合わせ
目的の硬さにする
④
両手でよく練り合わせ
普通味噌ぐらいの硬さに
練りあげる
⑤
ふた
ビニール布
ぬか床
冷暗所に
保存する
新聞紙やビニール布で覆い
ひもでしばっておく

ぬか味噌をおいしく漬けるコツ

漬け床にはいろいろな野菜類、山菜類、果実類などが漬けられます。材料別の漬け方と漬ける期間の目安を左にあげました。漬ける期間は夏と冬では2倍の開きがあります。暑いときに長時間漬けておくと酸味が強くなり材料のうま味が失われます。

材料はなるべく丸ごと漬けるのがおいしく、また多くの種類の材料を一緒に漬けないこともおいしく漬けるコツです。

ぬか味噌床の管理のポイントは、漬け物の出し入れのつど、手まめにぬか味噌床をかき回すことです。これはぬか味噌の中に空気を入れ、好気性の乳酸菌の繁殖を助け、嫌気性の腐敗菌の繁殖を抑えるためです。少なくとも1日1回、夏はその倍かき回す必要があります。

漬けた材料を取り出すときは、ぬか味噌を手でしごきとり、漬け汁は必ず外に捨てるようにします。ぬか味噌が水っぽくなると塩分が薄められ、腐敗の原因になります。また多くたまった漬け汁は外にくみ出します。布やスポンジに吸い取らせる方法もあります。その後、食塩だけを追加したり新しい米ぬかと食塩を足します。

風味をつけたいなら、香辛料や薬味などをガーゼなどで包んで漬け込み、一定期間で取り替えます。

酸っぱくなったとき、よく洗った鶏卵の殻を入れるとそのカルシウムが酸味を中和してくれます。

ぬか味噌漬けの漬け込み材料と漬け方

材料	漬け方	春～夏	秋～冬
ナ　ス	濃紫色の中型以下のもぎたての新鮮なものを使う。丸ごと塩をまぶして漬ける。焼みょうばんを少量入れると色が鮮やかに仕上がる。	8～12時間	1～1.5日
キュウリ	早朝にとった若いものを丸ごと板ずりして漬ける。両端を切り取ると早く浸かり苦みも除かれる。	6～12時間	1～1.5日
キャベツ	大きなものは2つ割にし切り口を上向きにして漬ける。大球は葉を1枚ずつ水洗いした後、水切りして漬ける。小球はそのまま軸部を上向きにして漬ける。	3～10時間	12～24時間
スイカの皮	表皮の硬い部分を削り白肉部のみ漬ける。	5～6時間	
ダイコン	1日干したものを2つ割か輪切りにして食塩をまぶす。	12～24時間	2～3日
カブ	葉を3～4cm残し食塩を少量まぶして漬ける。	12～24時間	1～2日
ニンジン	1日干して2つ割かそのまま食塩をよくすり込んで漬ける。日数がかかるのでなるべく容器の底に置く。	1～2日	2～3日
生ショウガ	葉ショウガは根に茎をつけたまま3～4cm残して根に切り込みを入れて漬ける。	1～2日	2～3日
ウド	5～6cmに切って半日干して漬ける。食べるときは外皮をはぐこと。	12～24時間	24時間
ミョウガ	花ミョウガを少量の食塩をまぶして漬ける。	6～10時間	大型のもの24時間
トマト	未熟の青トマトで小型のものをヘタを除いて丸ごと食塩をまぶして漬ける。	24時間	1～1.5日
その他、ヘチマ、フキ、ナタマメ、オクラなど、季節の野菜類や果菜類を漬けることができる。 アクの強いものはアク抜きをする。 あまり何種類も一緒に漬け込まないことがおいしく漬ける秘訣です。		12～24時間ぐらいで食べられる。あまり長い間漬け込むと酸味がついておいしくない。	

甘漬けの代表「こうじ漬け」

こうじ漬けとは

こうじ漬けは、古くは〝甘漬け〟と呼ばれ、米こうじを使って発酵させた漬け床に野菜類や魚肉類などを漬けた甘味の強い漬けものです。

薄塩のため、保存性はありませんが、初冬から初春にかけて漬けられる季節の漬けものとして好まれ、関東地方から北の寒冷地に多く見られました。

代表的なものとして、東京（江戸）の〝べったら漬け〟、福島県会津地方中心に伝わる〝三五八漬け〟があり、また秋田県には〝がっこ〟と呼ばれるダイコンを大割にしてこうじ床に漬けた〝なたわり漬け〟がありますがこれもこうじ漬けの一種です。

近年では冷蔵庫を利用して年中漬けられることでポピュラーな漬けものとして人気があります。

さらに甘味を抑え塩味を強調し保存性を高めた塩こうじ漬けも人気が出てきています。

こうじ漬けは一般には、漬け床をつくってから、漬け込み期間は2〜3日から2〜

3週間ぐらいが普通です。

ダイコンのこうじ漬け（べったら漬け）

ダイコンのこうじ漬けは、昔から江戸（東京）に伝わる代表的な漬けものです。新鮮なダイコンの白さと独特の甘味とこうじの風味が楽しめます。

漬け方は、ダイコンの下漬け（塩漬け）と本漬け（こうじ漬け）とに分けられます。手間がかかりますが、おいしく漬けるためには二度漬けしなければなりません。材料としては、ダイコンのほかにもカブやウリ、ナスなども漬けられます。

下漬け（塩漬け）　ダイコンは肉質の軟らかい小型の長めのものが適します。水洗いした後、表皮を薄くむき、それを4～5日間天日に当てて乾燥します。

用量の食塩をダイコンに軽くこすりつけ、食塩とダイコンを交互に漬け込み、押しぶたをして、ダイコンと同じ重量の重石をします。

少量の差し水をすると2～3日で漬け水が上がってきますので下漬けを終えます。

本漬け（こうじ漬け）　70℃くらいの温湯に米こうじ（味噌用こうじ）と砂糖、食塩、その他の調味料を入れ、よく混ぜ合わせます。細切りしたコンブ、輪切りしたトウガ

【べったら漬け】

材料の配合割合	
—下漬け(塩漬け)—	
ダイコン	5kg
食塩	300g
差し水	100mℓ
—本漬け(こうじ漬け)—	
下漬けダイコン	4.5kg
米こうじ	300〜350g
砂糖	200g
食塩	50g
出汁コンブ	50g
トウガラシ	
化学調味料	
温湯(差し水)	200mℓ

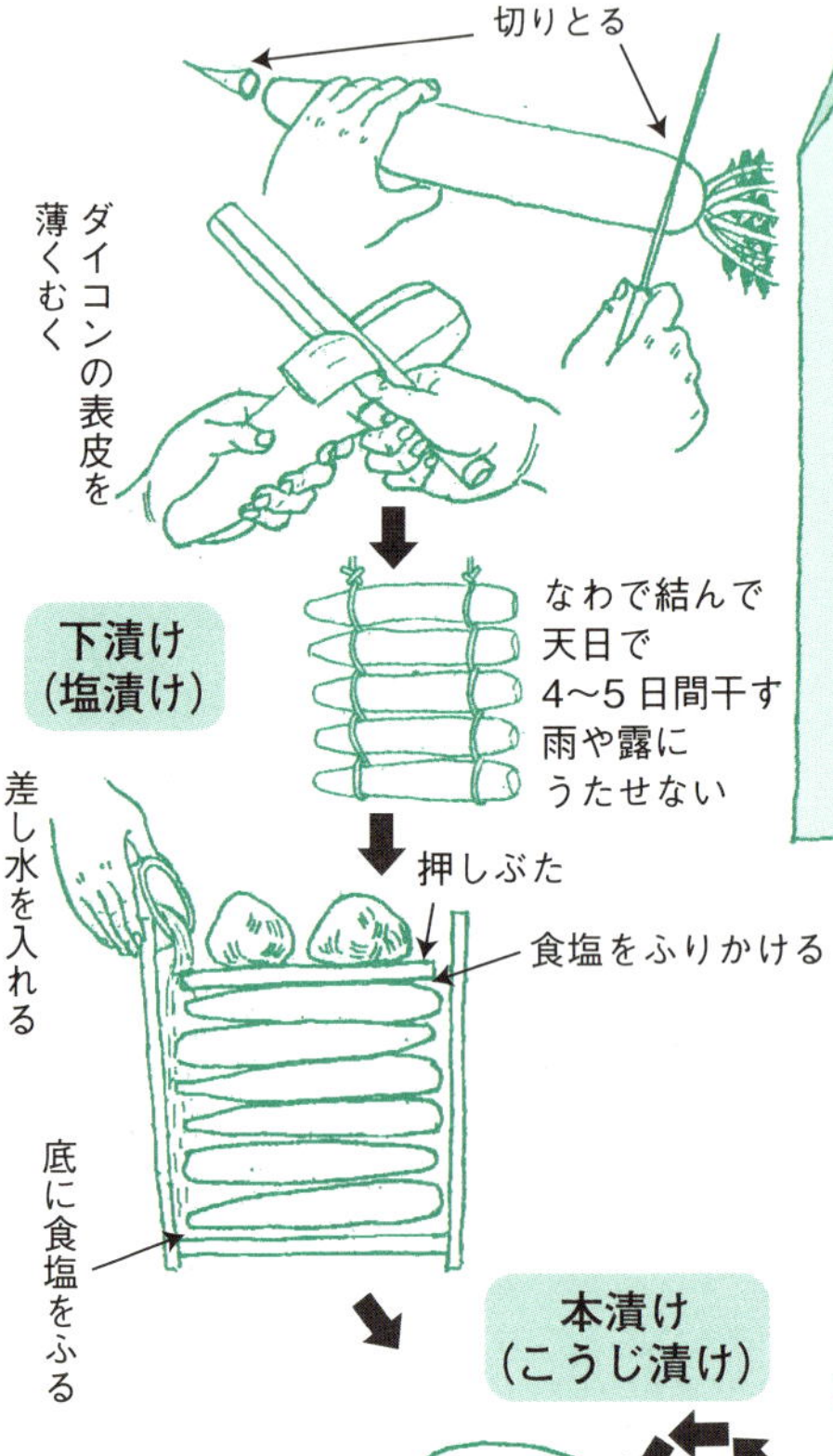

切りとる
ダイコンの表皮を薄くむく
なわで結んで
天日で
4〜5日間干す
雨や露に
うたせない
下漬け
(塩漬け)
差し水を入れる
押しぶた
食塩をふりかける
底に食塩をふる

食塩
化学
調味料
コンブ
よく練り合わせて漬け床をつくる
米こうじ
砂糖
温湯70℃
トウガラシ

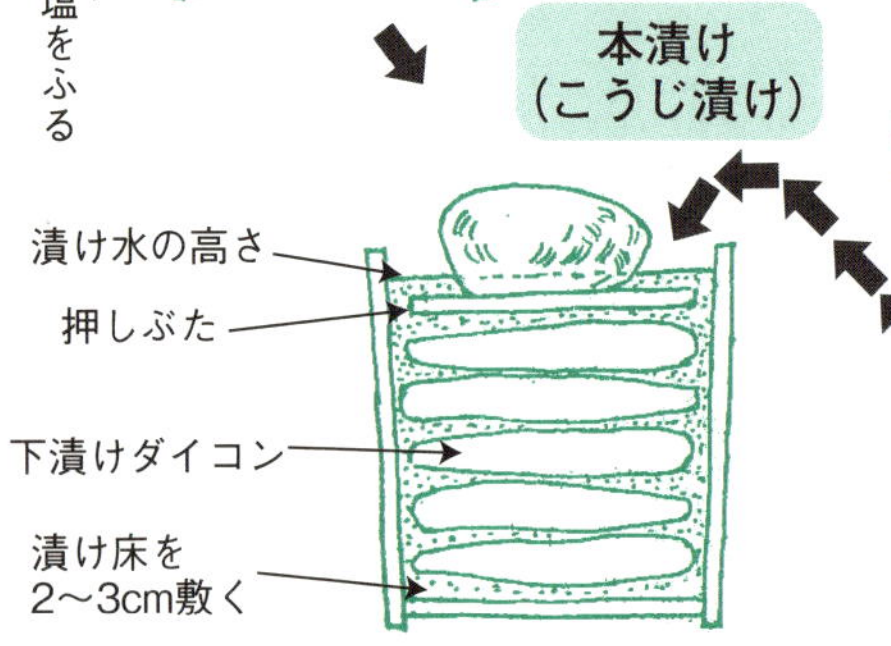

本漬け
(こうじ漬け)
漬け水の高さ
押しぶた
下漬けダイコン
漬け床を
2〜3cm敷く

ラシなどを混ぜ合わせると風味が良くなります。これが調味こうじ床となります。

あらかじめ熱湯で容器を殺菌しておきます。漬け容器の底に調味したこうじを全面に敷き、水切りした下漬けダイコンをすき間のないように並べ詰め、その上に調味こうじをたっぷりと被せます。これを交互に繰り返します。

押しぶたをして7〜8kgの重石を乗せます。漬け水が上がってきたら重石の重量を半分くらいにして漬け水が押しぶたの上に出ている程度にします。

漬けた容器は冷暗所に置き、温度が上がらないように注意します。約2週間で食べ頃になりますが、長いと酸味が出て風味が落ちるので1ヵ月くらいで食べ終わるか、または冷蔵庫で密閉貯蔵します。

三五八漬け

「三五八漬け（さごはちづけ）」は残りご飯を利用してこうじで糖化し、食塩を入れて発酵させて漬け床をつくり、その中に季節の野菜を漬けたのがはじまりと言われます。食塩と米こうじ、蒸し米の割合が三・五・八であったことからこの名称がついたと言われます。

三五八漬けは〝ぬか味噌漬け〟と同様に、漬け床をつくっておけば年間を通して使えます。漬け床に日々季節の野菜類を漬けると2〜3日で食べられる便利なものです。しかし、それでも甘味が強く酸味が少なく、食塩の使用割合も少ないので、暖地には不向きで、寒冷な地域、冬期だけ、もしくは冷蔵庫での漬けものとして利用したいものです。

漬け床のつくり方　米飯はうるち米でもよいのですが、甘味の点から言えばもち米が適しています。もち米を軟らかく炊いて70℃くらいまで冷まし、それに米こうじをもみほぐしながら入れて混ぜ合わせます。

甘酒をつくる要領で55〜60℃で5〜6時間保温し糖化させます。糖化の保温温度は50℃以下にしないこと。また糖化時間を長くすると酸味が出てきて失敗します。

糖化が終わったら漬け容器（あらかじめ熱湯殺菌して冷却しておく）に食塩を混ぜ合わせながら入れ、10℃まで温度を下げてからふたをして冷暗所に置きます。

約1週間で熟成し漬け床ができます。漬け床は密閉して15℃以下のところに置いておけば1年中使用できます。冷蔵庫を活用するといいでしょう。20℃以上になると腐敗の危険性があります。

漬け方のコツ　漬ける材料は季節の野菜や山菜類ですが、あらかじめ下漬けしたものか、または収穫した直後の新鮮なものをひと塩ふりして2〜3時間おいた後、漬け込みます。野菜類の漬け方はぬか味噌漬けの容量と同じです。

【三五八漬け】

漬け床のつくり方

材料の配合割合

米こうじ	300g
もち米	500g
食塩	150g

好みによって変えてもよい

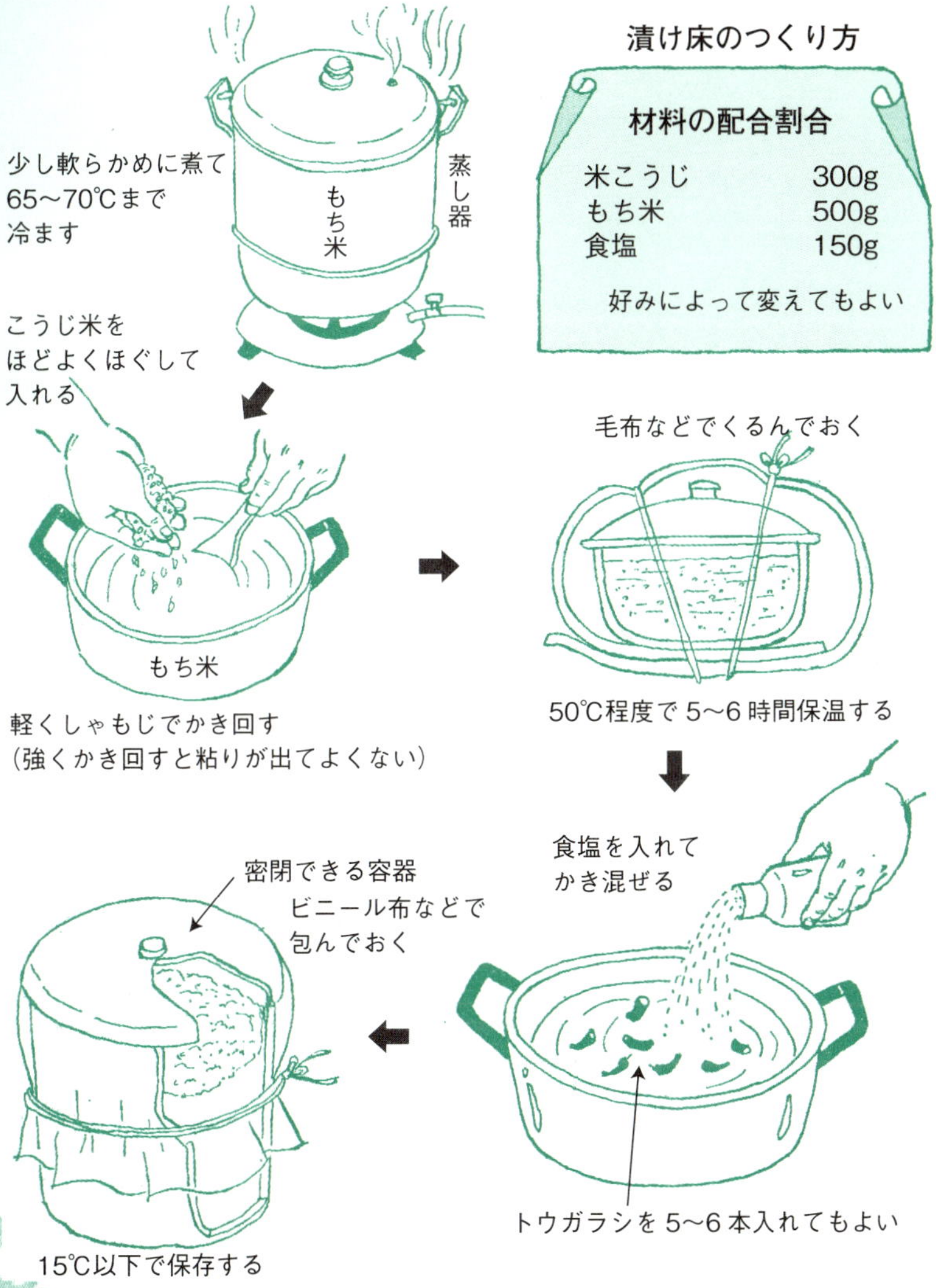
少し軟らかめに煮て
65〜70℃まで
冷ます
もち米
蒸し器
こうじ米を
ほどよくほぐして
入れる
もち米
軽くしゃもじでかき回す
(強くかき回すと粘りが出てよくない)
毛布などでくるんでおく
50℃程度で 5〜6 時間保温する
食塩を入れて
かき混ぜる
トウガラシを 5〜6 本入れてもよい
密閉できる容器
ビニール布などで
包んでおく
15℃以下で保存する

三五八漬けの材料と漬け方

材料	漬け方	期間
キュウリ	若いキュウリは水洗いして、そのまま大きなものは2～3つ割にして漬ける。	一晩
ナス	一口ナスはそのまま、大きなものはヘタをとり縦に4つ割して薄塩で一晩漬けておき、水気を切ってアクを抜き漬ける。	1～2日
カブ	皮をむき4つ割くらいに切り込みを入れ、塩を少量ふり、水気が出たらふきとり漬ける。葉はそのまま漬ける。	カブは1～2日 葉は半日
ダイコン ニンジン	乱切りにして2～3日干してから漬ける。押しを強くするといい。	2～3日
ショウガ	千切りにしてそのまま漬ける。	2日
キャベツ	ザク切りにしてそのまま漬ける。	半日
ピーマン	熱湯でサッとゆで水気を切ってから漬ける。	4～5日
スルメ 身欠きニシン	米のとぎ汁に1日浸したり熱湯でサッとゆであげ軟らかくしてから漬ける。	2～3日
魚の切り身	薄塩で30分間くらい置き、生臭みをとってから漬ける。	1日、焼いて食べる
とり肉	魚の切り身と同様	

塩こうじ漬け

　こうじづくりの項でも説明しましたが、甘味漬けの代表でもある「こうじ漬け」ですが、この塩こうじ漬けはいくぶん塩味を強くして保存性などを高めたものです。塩漬けよりもまろやかで風味が良くなります。

　塩こうじ床のつくり方では好みに応じて塩加減を調整します。

　辛口にしたい場合は、米こうじに対して食塩を40～50％重量比にします。

　甘口のほうがいい場合は、米こうじに対して食塩を30％重量比にします。

　1週間程度寝かせば、塩こうじ床ができあがります。

　冷蔵庫に保存すれば、長期間保存できます。

　家庭で行なう塩こうじ漬けは〝漬ける〟とい

塩こうじ床のつくり方

辛口の場合		甘口の場合	
米こうじ	200g	米こうじ	200g
食塩	90g	食塩	60g
水	適宜	水	適宜

①こうじをよくもみほぐして、食塩を加え、さらにもみほぐし、こうじと塩をなじませます。
②水をひたひたになるまで加え、混ぜ合わせます。
③常温で保存し、1日1回程度かき回します。
④水が減ってきたら、ひたひたになるように水を加えます。
⑤1週間から10日程度でできあがります。

塩こうじ漬けの材料と漬け方

材料	冷蔵庫での漬け方など	期間
キュウリ	キュウリを一口大に切って塩こうじと混ぜ合わせ容器や保存袋に入れる。	半日～1日
ダイコン	ダイコンを縦短冊に切って塩こうじと混ぜ合わせ容器や保存袋に入れる。	半日～1日
ニンジン	ニンジンの皮をむき一口大に切って塩こうじと混ぜ合わせ容器や保存袋に入れる。	半日～1日
ナス	ナスを縦割りに4等分程度に切って塩こうじと混ぜ合わせ容器や保存袋に入れる。	1～2日
ゴーヤ	ゴーヤのワタと種を取り、1cm弱の厚さに切って塩こうじと混ぜ合わせ容器や保存袋に入れる。	半日～1日
とうふ	とうふに重石をして水切りし一口大に切る。塩こうじをとうふに塗るようにして布を敷いた容器に入れる。	1日～1週間
肉類	豚肉(ロース)などの表面の水気をとり、塩こうじをまぶして漬ける。食べるときは塩こうじを軽く落として焼くなどして食べる。	1～2日
魚介類	サケなどの表面の水気をとり、塩こうじをまぶして漬ける。食べるときは塩こうじを軽く落として焼くなどして食べる。	1～2日
山菜類	湯通しした後、水気を切って、塩こうじと混ぜ合わせ容器や保存袋に入れる。	1～2日

混ぜ方は、ラップやジッパー付きの保存袋に入れたものを外からもみほぐすようにするといいでしょう。

冷蔵庫に寝かせて数時間で食べることもできますが、１～２日寝かせたほうがおいしくなります。

うよりも、擦りつけて〝混ぜ合わせる〟という具合にします。こうじの量は重量で言えば食材に対して10％程度が目安です。水分量が多い食材の場合にはいくぶん足します。

プラスチック容器や保存袋などに入れて冷蔵庫で寝かせます。

1～2時間で塩こうじの風味がつきもう食べることはできますが、おいしく食べるには1日程度は寝かしたほうがいいでしょう。

調理する場合、こうじを水で洗ってすっかり取り除くよりも、手でぬぐい取るようにして食べたり焼いたりすると、こうじの風味をたっぷりと味わうことができます。

佐多正行（さた・まさゆき）／著

鹿児島生まれ。東京教育大学（現筑波大学）農学部卒。
元東京都立農業高等学校教諭。「食品製造」「食品」を担当。
著書『日曜手づくり味入門』、『わが家の農産加工』ほか。

週末手づくり入門　おばあちゃんの味

2012年　4月 25日　　　　第1版第1刷発行

著　者……佐多　正行
イラスト……後藤　正之

カバー・デザイン……目黒真（ヴァイス）

印刷……株式会社 文昇堂
製本……根本製本株式会社

発行人……西村貢一
発行所……株式会社 総合科学出版
〒101-0052　東京都千代田区神田小川町 3-2　栄光ビル
TEL：03-3291-6805（代）
URL：http://www.sogokagaku-pub.com/

　ISBN4-88181-823-7　C0077